+MAIS MARX

LIVro I

POLYLUXMarx

Nota da edição brasileira
O título da série PolyluxMarx faz referência
ao retroprojetor de transparências da República
Democrática Alemã, chamado Polylux, que
foi fabricado até 2006 e acabou se tornando,
inclusive, uma forma genérica para se referir
a qualquer tipo de projetor de imagens.
O nome é uma derivação das palavras "polýs",
de origem grega, que significa "intensa", e
"lux", de origem latina, significando "luz",
ou seja, "luz intensa".
Nesta edição, optamos por um título mais
significativo ao leitor brasileiro, porém sem
perder a referência original.

Valeria Bruschi
Antonella Muzzupappa
Sabine Nuss
Anne Steckner
Ingo Stützle

+MAIS MARX

MATERIAL DE APOIO À LEITURA D'O CAPITAL
LIVRO I

POLYLUXMARX

Tradução: Luiz Mariano de Campos
Revisão da tradução: Fábio De Maria

© desta edição Boitempo, 2016
© Karl Dietz Verlag Berlin GmbH, 2013
(Traduzido da edição em inglês *PolyluxMarx: a Capital Workbook in Slides, Volume One* e revisado com base no original em alemão *PolyluxMarx: Bildungsmaterial zur Kapital-Lektüre, Erster Band).*

DIREÇÃO EDITORIAL: Ivana Jinkings
EDIÇÃO: Bibiana Leme
ASSISTÊNCIA EDITORIAL: Thaisa Burani
TRADUÇÃO: Luiz Mariano de Campos
REVISÃO DA TRADUÇÃO: Fábio De Maria
PREPARAÇÃO: Thais Rimkus
REVISÃO: Alícia Toffani
COORDENAÇÃO DE PRODUÇÃO: Livia Campos
PROJETO GRÁFICO DE CAPA E MIOLO E DIAGRAMAÇÃO: Studio DelRey
PASSAGEM DE EMENDAS, FECHAMENTO DE ARQUIVOS E POWERPOINT: Aeroestúdio
EQUIPE DE APOIO: Allan Jones / Ana Yumi Kajiki / Artur Renzo / Eduardo Marques / Elaine Ramos / Giselle Porto / Isabella Marcatti / Ivam Oliveira / Kim Doria / Leonardo Fabri / Marlene Baptista / Maurício Barbosa / Renato Soares / Thaís Barros / Tulio Candiotto

CIP-BRASIL. CATALOGAÇÃO NA PUBLICAÇÃO
SINDICATO NACIONAL DOS EDITORES DE LIVROS, RJ

M193
Mais Marx : material de apoio à leitura d'O capital, Livro I / Valéria Bruschi ... [et. al.] ; tradução Luiz Mariano de Campos ; revisão da tradução: Fábio de Maria. - 1. ed. - São Paulo : Boitempo, 2016.
il.

Tradução de: Polyluxmarx : a capital workbook in slides
ISBN 978-85-7559-524-4

1. Marx, Karl, 1818-1883. 2. Socialismo - História - Séc. XX. 3. Filosofia marxista. 4. Teoria crítica. I. Bruschi, Valéria.

| 16-36945 | CDD: 335.409 |
| | CDU: 330.85(09) |

Esta publicação foi realizada com o apoio da Fundação Rosa Luxemburgo com fundos do Ministério Federal para a Cooperação Econômica e de Desenvolvimento da Alemanha (BMZ). Somente alguns direitos reservados. Esta obra possui a licença Creative Commons de "Atribuição + Uso não comercial + Não a obras derivadas" (BY-NC-ND).

1ª edição: novembro de 2016; 1ª reimpressão: junho de 2019

BOITEMPO
Jinkings Editores Associados Ltda.
Rua Pereira Leite, 373
05442-000 São Paulo SP
Tel.: (11) 3875-7250 / 3875-7285
editor@boitempoeditorial.com.br | www.boitempoeditorial.com.br
www.blogdaboitempo.com.br | www.facebook.com/boitempo
www.twitter.com/editoraboitempo | www.youtube.com/tvboitempo

Baixe os slides gratuitamente em: http://www.polyluxmarx.de/pt/inicio.html.

Este livro utiliza iconografia disponibilizada em repositórios gráficos virtuais, via licenças Creative Commons para uso comercial, e imagens vetorizadas de obras em domínio público, além de iconografia e grafismos criados originalmente para a obra.

SUMáRIO

Apresentação à edição brasileira – Ruy Braga 9

Prefácio 13

Para quem e o que é o *Mais Marx*?: instruções de uso 15

Guia rápido para os moderadores de grupos de estudos d'*O capital*: questões acerca da apropriação e da intermediação de conhecimento na formação política 17

No rastro do valor: ler *O capital* em tempos de crise 21

Conjunto de quadros

Introdução à leitura d'*O capital* 25

Os dois fatores da mercadoria 33

O duplo caráter do trabalho representado nas mercadorias 48

A forma de valor, ou o valor de troca 55

O fetichismo da mercadoria 64

O processo de troca 78

O dinheiro 83

A transformação do dinheiro em capital 97

O processo de trabalho e o processo de valorização 105

Capital constante e capital variável 109

A taxa de mais-valor 111

A jornada de trabalho 113

A produção do mais-valor absoluto e relativo 116

O salário 127

Reprodução e acumulação de capital 131

A assim chamada acumulação primitiva 139

Apresentação à edição Brasileira

Por dever de ofício, acumulei mais de uma década de experiência lecionando o Livro I de *O capital* para os estudantes do curso de graduação em Ciências Sociais da Universidade de São Paulo. Ao longo dos anos, a dinâmica em sala de aula repetia-se: por um lado, o desafio de simplificar os conceitos e processos históricos contidos no texto foi se tornando menos atraente, afinal as dúvidas dos estudantes eram mais ou menos as mesmas, e as respostas em sala foram se tornando protocolares; por outro, cada resposta automática exigia uma digressão detida a respeito do que havia sido "ocultado" pela simplificação didática.

Talvez o melhor exemplo disso seja a definição de valor como determinada quantidade de tempo de trabalho "abstrato". Normalmente, os estudantes sentem dificuldade em compreender essa dimensão "abstrata" do trabalho, afinal, somos capazes de observar apenas as formas concretas de sua existência[1]. De fato, a dificuldade existe, pois, segundo Marx, tanto a base orgânica quanto a natureza social do trabalho são igualmente necessárias para a determinação do valor.

Além disso, a abstração do trabalho relaciona-se intimamente com a espoliação do trabalhador, ou seja, com a atribuição de uma forma útil, de mercadoria, à sua capacidade de transformar a natureza; a essa mercadoria é dado o nome de força de trabalho. Isso tudo está condensado em poucas páginas. Naturalmente, meus estudantes costumam ficar confusos. E o quadro torna-se ainda mais exótico quando eu introduzo a necessidade de o tempo de trabalho ser despendido em sua forma "socialmente necessária", sendo essa dimensão o resultado da totalização da concorrência entre os diferentes capitais.

Aqui, é possível perceber aquela circularidade característica do raciocínio de Marx. Aparentemente, isso pode ser interpretado como uma maneira atabalhoada de expor uma teoria. No entanto, trata-se de uma estratégia perfeitamente compatível com o procedimento metodológico segundo o qual o caminho que leva ao conhecimento é parte do próprio processo do conhecimento. Marx estava fundamentalmente preocupado em criar uma explicação globalizante do desenvolvimento do modo de produção capitalista. E, para tanto, a simples enumeração de características da sociedade capitalista do século XIX, o "capitalismo de Manchester", por exemplo, seria insuficiente.

Assim, se quisermos interpretar as formas mais elementares das relações sociais, como a troca do tempo de trabalho por um salário, por exemplo, necessitamos pressupor a existência de suas formas historicamente mais complexas, no caso, a concorrência entre os diferentes capitais. Esse exemplo serve apenas para ilustrar a dificuldade didática inerente ao ensino de *O capital*.

Como indiquei há pouco, aquilo que poderia ser considerado um importante obstáculo ao progresso da leitura – a ponto de levar Louis Althusser a sugerir aos leitores da obra-prima de Marx pular as primeiras seções do livro, indo direto para os capítulos históricos –, para a maioria de meus estudantes, no entanto, revelou-se um impulso para chegar ao fim do Livro I.

Minha melhor aposta é que os jovens sentem-se atraídos pelo "mistério" que envolve o "crime" definidor da sociedade capitalista, isto é, a

---

[1] Afirmar que a leitura do Livro I é difícil é parcialmente correto. De fato, os primeiros três capítulos do livro são um tanto ou quanto áridos para aqueles que não possuem conhecimento prévio de economia política. Isso não quer dizer que não sejam inteligíveis, ainda que de forma parcial, pois a demonstração da capacidade explicativa dos conceitos de mercadoria, valor, dinheiro etc. apenas será revelada plenamente quando a visão do sentido global do movimento do capital completar-se no Livro III.

transformação das relações sociais e das coisas em mercadorias. Eles intuem que há algo realmente muito enigmático na forma aparentemente natural de fazer com que os indivíduos relacionem-se entre si através da alienação dos objetos de seus diferentes trabalhos. Um enigma que Marx chamou de "fetichismo da mercadoria".

Os estudantes percebem que a "ficção" da economia política, aquela velha cantilena segundo a qual, em tempos imemoriais, éramos todos iguais, mas, com o passar do tempo, alguns trabalharam mais arduamente do que outros, sendo premiados com o acúmulo do dinheiro que acabou se transformando em capital, simplesmente não explica as desigualdades sociais que cotidianamente os interpelam.

E, por maior que seja a dificuldade de avançar na leitura dos primeiros capítulos do livro, o esforço compensa. O texto logo se transforma em uma leitura dinâmica e muito atraente, uma espécie de romance *noir* com um final surpreendente no qual aqueles que espoliaram, pilharam, mataram, sequestraram e escravizaram em nome da criação do mercado mundial terminarão, finalmente, expropriados.

Essa fascinante estratégia expositiva, contudo, não se encontra a serviço de uma teleologia, isto é, de uma interpretação na qual o fim é conhecido de antemão e, portanto, não há necessidade de uma autêntica investigação científica, sobrando espaço apenas para o dogmatismo de natureza religiosa. Nada mais equivocado. O fim do livro, ou seja, a revolução socialista, configura uma meta a ser alcançada pela humanidade se esta deseja superar a insanidade contida no movimento próprio do capital: acumular por acumular.

Trata-se antes de uma construção política, e não de uma promessa divina. Como tende a se tornar mais claro a partir da leitura dos prefácios às diferentes edições de *O capital*, o principal interesse de Marx na empreitada de reconstrução teórica do movimento característico do modo de produção capitalista consistia exatamente em conhecer para superar as relações sociais de exploração e de dominação que (des)estruturam a sociedade contemporânea.

Essa dimensão da leitura costuma nutrir o interesse de meus estudantes pelo livro ao adicionar uma dimensão suplementar e igualmente importante para a reflexão: a luta política. Ao longo dos anos, percebi que a renovação do interesse pelos escritos de Marx liga-se diretamente ao desejo das gerações mais jovens de compreender suas próprias experiências de vida, suas próprias angústias existenciais. Esta é a chave da contemporaneidade de *O capital*: auxiliar-nos a compreender as contradições atuais do capitalismo globalizado, as forças sociais que se escondem por trás do trabalho precário, do desemprego, da crise.

Isso só é possível porque Marx não se dedicou a descrever laboriosamente o capitalismo do século XIX, mas a construir uma bússola teórica para que as gerações posteriores fossem capazes de investigar as transformações do próprio capitalismo em seu devir. Ao contrário do que quiseram fazer crer muitos ideólogos dos regimes socialistas burocráticos, o conteúdo d'*O capital* não configura um tratado das leis que regem o funcionamento da sociedade capitalista.

Trata-se de uma teoria crítica e aberta que desafia as certezas liberais ao assumir seus pressupostos, como a lei da troca de equivalentes, por exemplo, para demonstrar como a igualdade transforma-se em desigualdade, a liberdade em opressão, a prosperidade em crise. Aliás, ler *O capital* hoje em dia é uma tarefa decisiva para aqueles que desejam compreender a crise atual do capitalismo globalizado. Mesmo os porta-vozes dos mercados financeiros, como a revista *The Economist*, tiveram de admitir essa realidade.

Ou seja, na condição de obra científica, crítica e revolucionária, *O capital* superou seu tempo. Transformou-se em uma inesgotável fonte de imaginação sociológica e política. Por isso, mesmo com todas as dificuldades que o texto apresenta, ao longo dos anos, a maior parte de meus estudantes aceitou o desafio de ler o Livro I nos próprios termos de Marx a fim de solucionar o mistério do capital.

Na condição de quem acumulou alguma experiência nessa seara, posso dizer que sempre senti falta de um apoio didático de qualidade capaz de apresentar de forma clara a obra, destacando o apuro expositivo do objeto tão duramente alcançado por Marx. Evidentemente, existem muitos manuais que se propõem a balizar uma leitura introdutória d'*O capital*, além de livros especializados em inúmeros tópicos abordados por Marx ao longo da obra. No entanto, conheço pouquíssimos textos dedicados especificamente ao apoio de grupos de estudos d'*O capital*. Por isso, foi com muita alegria que recebi a notícia da publicação, pela Boitempo e pela Fundação Rosa Luxemburgo, de *Mais Marx: material de apoio à leitura d'*O capital, *Livro I*. Trata-se de uma iniciativa muito bem-vinda, considerando o rápido crescimento do interesse, sobretudo entre os jovens, pela obra de Marx.

E ler a obra coletivamente, partindo de pressupostos não dogmáticos, é ainda mais relevante, pois apenas assim a mensagem original do autor pode ser plenamente apreendida.

É parcialmente correto afirmar que, após um século e meio de sua publicação original, não há mais uma leitura "desinteressada" possível desse livro. Como costumo afirmar nas minhas primeiras aulas, *ler Marx em seus próprios termos* não é uma tarefa "ingênua", mas pode ser empreendida sem preconceitos, ou seja, a partir dos problemas levantados e das soluções propostas por ele mesmo. Talvez por isso, considero que as formas mais produtivas de abordar a obra são exatamente aquelas que buscam superar tanto o dogmatismo quanto o teleologismo que por mais de um século predominaram nas interpretações d'*O capital*, em especial entre aqueles que se alinharam às duas correntes predominantes do marxismo no século passado, isto é, o reformismo e o stalinismo.

Temperados por esse importante ajuste de contas com o passado, Valeria Bruschi, Antonella Muzzupappa, Sabine Nuss, Anne Steckner e Ingo Stützle alcançaram um feito verdadeiramente notável neste volume: restaurar o sentido íntimo do projeto de emancipação social advogado por Marx a partir de uma interpretação ao mesmo tempo didática, dialética e aberta da obra. Dentro e fora das universidades, os jovens encontrarão nesta coleção de slides em PowerPoint, acompanhada por preciosos comentários, um material imprescindível para sua autoeducação teórica e política.

Ruy Braga
São Paulo, 15 de agosto de 2016

PREFÁCIO

Marx está de volta. Sua obra magna, *O capital*, passa por uma ressurreição. Foi objeto de filme, encenada em teatro, tema de turnê – como se fosse uma banda de jazz – e até publicada em mangá. Novos livros são escritos sobre *O capital*, alguns antigos são reimpressos e, acima de tudo, as pessoas estão novamente o estudando. Quando oferecemos pela primeira vez um curso sobre *O capital* na Universidade Livre de Berlim, em 2003, não tínhamos como prever esse renascimento da obra. Queríamos, à época, nos opor à rejeição da análise marxista nas universidades. Poucos anos depois, continuamos os grupos de estudos d'*O capital* sob a égide da Fundação Rosa Luxemburgo. Mais de quarenta pessoas (principalmente jovens) compareceram à primeira reunião de 2006. Com a crise financeira de 2008, o interesse pela obra aumentou, e o dobro de pessoas compareceu à sessão de abertura. Um jornalista do *Frankfurter Allgemeine Zeitung* que casualmente marcou presença ficou tão impressionado que mencionou o evento em um artigo no dia seguinte.

Foi a época em que o ex-ministro das Finanças da Alemanha Peer Steinbrück afirmou em uma entrevista ao semanário *Der Spiegel* que "certas partes da teoria marxista não estão tão erradas"; quando a Associated Press escreveu que, em momentos de crise financeira, os alemães procuravam "consolo em Marx"; quando a Tokyo TV quis filmar os grupos de estudos d'*O capital* na Fundação Rosa Luxemburgo. Desde então, as aulas tornaram-se componente fixo do programa educacional da instituição. A cada ano, cerca de cem pessoas interessadas se inscrevem para os cursos e se reúnem semanalmente para discutir *O capital*.

Contudo, não devemos suavizar as coisas: *O capital* tem mais de 2 mil páginas (somando os três livros) e sobre ele se pode dizer quase qualquer coisa, menos que é um texto fácil de ler. A linguagem é inusitada, a análise é complexa, e o contexto histórico do livro – apesar de sua relevância atual – é o século XIX. Portanto, parece-nos cada vez mais importante ilustrar algumas linhas de raciocínio e certos conceitos – e fizemos isso por meio de slides em PowerPoint. Assim, ao longo de uma prática que já se estende por anos, surgiram diversos slides. Com crescente frequência, recebemos solicitações para disponibilizá-los na internet. Contudo, cada usuário está ciente do seguinte problema: os slides por si, sem comentários explicativos, degradam-se em uma prosa itemizada, e o contexto se perde.

Por essa razão, dois anos atrás, decidimos fazer uma coleção completa, a *Mais Marx*; decisão fácil de tomar, mas muito difícil de colocar em prática. Cada comentário, cada conceito e cada ilustração eram considerados e discutidos em termos de possíveis simplificações.

Agradecemos especialmente a Michael Heinrich, que nos proporcionou diversos conselhos e reflexões durante os estágios finais da criação do material educacional. Gostaríamos também de agradecer a Lutz Brangsch e Rolf Hecker pelo apoio, bem como a Juliane Bräuer pela paciência na elaboração dos gráficos. Agradecemos, ainda, a Bernd Brouns pelo trabalho de cópia durante as intensas sessões de trabalho, a Moritz Zeiler pela revisão e a Markus Euskirchen pela ajuda nas ilustrações. Certamente, assumimos a responsabilidade por eventuais erros, simplificações e outros equívocos.

Valeria Bruschi
Antonella Muzzupappa
Sabine Nuss
Anne Steckner
Ingo Stützle

Berlim, fevereiro de 2012

para quem e o que é o mais marx?

instruções de uso

Mais Marx é uma coleção de slides em PowerPoint, com comentários. Pretende-se que este material educacional apoie a leitura do Livro I d'*O capital*, não que substitua uma leitura introdutória da obra de Marx, muito menos a leitura do próprio livro. É destinado a moderadores de grupos de estudos que estejam familiarizados com o original e que queiram coordenar um curso sobre *O capital*. *Mais Marx* é também um valioso material suplementar para a leitura d'*O capital* feita por conta própria.

ESTRUTURA: ONDE ESTÁ CADA COISA?

Mais Marx consiste em um livro de 144 páginas, em que são apresentados e comentados 118 slides em PowerPoint, os quais se encontram no site http://www.polyluxmarx.de/pt/inicio.html para download gratuito. O *layout* pode variar ligeiramente, mas cada página do livro contém um quadro que representa um slide e, abaixo, um comentário sobre o respectivo conteúdo. Na margem da página, encontra-se a informação sobre o nível da exposição n'*O capital*, isto é, no livro do próprio Marx. Abaixo dessa informação, pode haver uma ou mais "dicas" referentes a métodos, particularidades e dificuldades possíveis, relevantes ao slide em questão, e em seguida um espaço para anotações.

CONTEÚDO: O QUE E QUANTO?

O material educacional *Mais Marx* não é uma conversão exata do texto d'*O capital*, tampouco são ilustradas nele todas as categorias ou todos os conceitos de Marx. Devido à complexidade e à dificuldade do conteúdo, apenas os primeiros quatro capítulos foram detalhados. A seguir são visualizadas algumas categorias escolhidas, em quadros individuais, bem como em sequências de quadros. A seleção está baseada em nossa experiência com os cursos de leitura d'*O capital*: quais são as perguntas mais frequentemente feitas durante a discussão coletiva? Quais categorias inspiram mais debate? Quais são as de mais difícil compreensão?

A sequência dos slides é baseada no sumário d'*O capital*, mas algumas vezes uma sequência reúne conteúdos dispersos ao longo de capítulos diferentes. Frequentemente incluímos citações de Marx. Os destaques coloridos são nossos. Com eles, tentamos enfatizar o aspecto central da citação. Ocasionalmente, não fomos capazes de fazer jus à complexidade e ao detalhamento do material, optando por uma apresentação mais clara. Isso é mencionado nas passagens relevantes dos comentários ou na seção "dica".

RISCOS E EFEITOS COLATERAIS

Como método para visualizar conteúdos, o PowerPoint inclui o risco de reduzir e simplificar o material em questão. No caso da análise e da exposição personalíssimas que Marx usa n'*O capital*, esse perigo é ainda maior. Ademais, esse método de visualização supõe certa didática. Ele pode degenerar em um estilo de palestra, caso os moderadores abordem a matéria apenas por meio dos slides. Isso acaba limitando o tempo disponível para as discussões coletivas e, até mesmo, produzindo uma hierarquia transmissor-receptor. Tentamos evitar isso ao sugerir métodos alternativos de apresentação em pontos selecionados. Além do mais, as ilustrações simplificadas de categorias e conceitos tendem a aparecer como "definições". Isso sugere um irredutível "isso é assim, e não de outra maneira". Aqui, há o perigo de que a reflexão independente dos participantes, no sentido de uma abordagem crítica do material apresentado, seja inibida. Obviamente, um entendimento muito específico da análise de Marx subjaz a nossa visualização. Contudo, deixamos isso transparente, começando com o primeiro quadro, e referimo-nos a leituras alternativas, bem como a debates divergentes relativos a questões e interpretações específicas. Assim, esperamos relativizar a pretensão de verdade implicada pelo caráter da apresentação dos slides. Esperamos que os moderadores dos grupos de estudos sejam experientes o suficiente para usar o material com responsabilidade e cuidado.

USO DOS SLIDES

Alguns dos slides incluídos não foram usados em nossos cursos. Não se pretende que as apresentações sejam aproveitadas em sua totalidade. Em vez disso, os moderadores devem decidir quando certo slide pode ser útil em uma sessão e/ou quando uma repetição ou uma consolidação do conteúdo já estudado pode ser facilitada com o material. Cada turma tem sua própria dinâmica e deve haver flexibilidade correspondente ao lidar com ferramentas de ensino. Agradecemos críticas, sugestões e relatos pessoais, que podem ser enviados para http://www.polyluxmarx.de/pt/inicio.html.

O livro, os slides e eventuais atualizações estão disponíveis em: http://www.polyluxmarx.de/pt/inicio.html.

LEGENDAS

 PLANEJE O TEMPO

 O SLIDE PODE SER USADO EM QUALQUER SITUAÇÃO

 LEIA O TEXTO EM VOZ ALTA

 O SLIDE PODE SER APROVEITADO REPETIDAMENTE

GUIA RÁPIDO PARA OS MODERADORES DE GRUPOS DE ESTUDOS D'*O CAPITAL*

QUESTÕES ACERCA DA APROPRIAÇÃO E DA INTERMEDIAÇÃO DE CONHECIMENTO NA FORMAÇÃO POLÍTICA

Apropriar-se de Marx em grupo é mais prazeroso e usualmente mais produtivo do que o estudo individual desse empolgante mas complexo (e algumas vezes enigmático) trabalho. O problema começa com a introdução ao texto original. Marx lidou exaustivamente com as questões metodológicas concernentes à exposição dos resultados de sua pesquisa – não no sentido didático, mas com a intenção de fazer justiça ao objeto. No entanto, ou precisamente por essa razão, partes d'*O capital* podem ser muito desafiadoras: o texto é repleto de citações em idiomas estrangeiros e escrito em uma linguagem que, com frequência, é de difícil compreensão; figuras mais ou menos familiares da mitologia pululam em suas explicações; além disso, a primeira edição consiste em seis capítulos com poucas subseções. Apenas na segunda edição foram incluídos subcapítulos, depois que Friedrich Engels e Louis Kugelmann chamaram a atenção de Marx para a qualidade enigmática e desordenada de infindáveis passagens do texto. Essencialmente, Marx escreveu para a burguesia ilustrada, familiarizada com os cânones estabelecidos na ciência, na cultura e na história – aqueles menos familiarizados com esses campos podiam não entender seu trabalho. Assim, qualquer um que mergulhe na leitura de seu texto pode ficar inseguro e frustrado. Um grupo de estudos para um confronto coletivo com a obra de Marx talvez ajude.

MÉTODO, DIDÁTICA, ATMOSFERA: O QUE NOS ESPERA?

Participar de um grupo de estudos d'*O capital* que se reúna ao longo de alguns meses pode ser uma importante experiência não apenas pelo envolvimento com o livro, que é relevante para o entendimento do capitalismo, mas também porque um grupo é capaz de trabalhar intensamente durante períodos mais longos, os debates acadêmicos e políticos se influenciam de maneira recíproca e várias formas de aprendizado e discussões podem ser experimentadas.

Assim, grupos de estudos d'*O capital* não são apenas um jeito alternativo de partilhar conhecimento, mas consistem em um modo de lidar coletivamente e de maneira auto-organizada com a sociedade capitalista, o que pode expandir as habilidades intelectuais e sociais. Manter ambos os elementos em mente constitui uma demanda dupla para aqueles que desejam iniciar e organizar tal grupo. Referimo-nos usualmente aos "moderadores", termo derivado do campo da formação política para designar a condução conjunta de grupos com a menor hierarquia possível.

Embora os moderadores dos grupos d'*O capital* e os leitores experientes, com leitura prévia, possam estar à frente em termos de conhecimento em comparação com os novos participantes – e não faz sentido pretender que todos se defrontem com o texto da mesma maneira –, a formação crítica implica uma reflexão no que se refere à organização dos grupos de estudos. Isso diz respeito não apenas aos desafios relativos à partilha de conteúdo, mas também à maneira da aquisição coletiva desse conhecimento. Como isso é possível? Por exemplo, por meio do *feedback* regular entre os participantes, da sondagem de interesses específicos, da autoanálise, da curiosidade em relação a outras abordagens e interpretações, bem como de uma abertura para indagações, processos e resultados inesperados – sem simplesmente proferir a verdade.

A aquisição do conhecimento é um processo que pode seguir um caminho próprio, relativamente imprevisível. Nossa experiência é a seguinte: o papel dos assim chamados moderadores substitutos – dependendo do contexto da formação, do tema e das expectativas – se move entre o "*input*" de elementos estruturantes, por um lado, e uma moderação menos invasiva, baseada em palavras-chave, por outro. Isso pode variar conforme o grupo ou até mesmo a cada reunião. Em último caso, pode-se meramente experimentar.

EXIGÊNCIAS DE CONTEÚDO: CONHECER TUDO DESDE A MERCADORIA ATÉ A ACUMULAÇÃO?

Não entre em pânico! Os moderadores não têm de saber tudo sobre *O capital* nem responder a todas as questões. Contudo, eles devem – especialmente no início – ser capazes de estruturar as discussões e ao menos oferecer certa compreensão básica dos problemas que resultam da leitura da obra.

Determinadas exigências de conteúdo têm a ver com isso. Nossa experiência mostra que os moderadores devem ler detidamente os quatro primeiros capítulos do Livro I d'*O capital*, uma vez que estes constituem a fundação para os demais e são os mais difíceis dos três livros, além de provocar a maioria dos conflitos com relação à diversidade de interpretações. A estrutura dos demais capítulos do Livro I e a conexão interna entre os três volumes devem ser conhecidas, ao menos em linhas gerais. Os três livros d'*O capital* formam um todo. Muitos problemas que surgem no Livro I são resolvidos no Livro III. Ademais, as categorias do primeiro livro, como valor e mais-valor, não devem ser confundidas com as categorias do terceiro, como preço de mercado e lucro, que encontramos cotidianamente no capitalismo. Os moderadores precisam estar familiarizados em linhas gerais com o desenvolvimento da teoria de Marx e devem ser capazes de situar suas diferentes obras.

EXIGÊNCIAS SOCIAIS: TEMOS DE GOSTAR UNS DOS OUTROS?

Com frequência, pessoas com diferentes níveis de conhecimento prévio, socialização política, educação e envolvimento com o trabalho participam dos grupos de estudos. Essas diferenças não podem ser colocadas sob um mesmo teto sem problemas. Contudo, para uma orientação inicial, algumas indagações de apoio são, por exemplo: em que contexto tal grupo surge? Ele é um grupo auto-organizado de estudantes, um grupo de representantes sindicais com formação principalmente no trabalho ou uma mistura de pessoas com biografias sociais, políticas e profissionais amplamente divergentes? Qual é o conhecimento prévio de cada integrante? Quais experiências educacionais eles apresentam ao grupo? Como é sua abertura para a teoria em geral? As partes interessadas foram introduzidas à doutrina da economia neoclássica, a teoria política constitui a fundação de seu conhecimento ou estão lidando com textos acadêmicos inteiramente estranhos a elas? Qual é a motivação?

É bastante comum que o número de presentes diminua cerca de 20% a 30% depois de três ou quatro reuniões. Contudo, se o grupo diminuir abruptamente, isto é, cerca de 50% ou mais, e se o processo de redução continuar após alguns encontros, pode ser um indicativo de que algo está errado com a atmosfera no grupo e na cultura de discussão. Assim, o que se deve observar?

Diversas coisas podem ser problemáticas nas discussões. Algumas vezes (mas, segundo nossa experiência, não muito frequentemente), representantes de grupos políticos aparecem e querem provar que *O capital* é lido de forma inadequada. Então, logo se desenvolve uma discussão sobre a suposta forma "correta" de leitura da obra, a qual a maioria dos participantes não está em condições de acompanhar, por falta de conhecimento. Com frequência, os grupos incluem algumas pessoas com ampla experiência prévia, que podem dominar a discussão e intimidar os iniciantes, porque agem como se muitas coisas de que as outras não sabem fossem óbvias. Então, o restante deixa de fazer perguntas, pois não quer parecer ignorante. Nesse caso, é útil deixar claro que hierarquias de conhecimento não devem levar a conversas paralelas inócuas. Um grupo de estudos d'*O capital* não é uma plataforma para que os sabidos se exibam. Se necessário, os que falam muito (normalmente, homens) devem ser freados. Como isso pode ser feito de forma não agressiva? A dificuldade consiste em encontrar um meio-termo. Experimentar, perguntar, receber *feedback* e decidir as coisas coletivamente (o que pode significar rever os combinados) são ferramentas para chegar a esse meio-termo.

Frustrações também podem ter outras raízes. É provável que a maioria dos participantes seja politicamente engajada e deseje ler *O capital* por motivos relacionados ao assunto, o que, com frequência, leva à aplicação do material às condições sociais correntes, suscitando debates contemporâneos. De um lado, isso é positivo e impede que a leitura d'*O capital* se torne uma atividade puramente teórica. De outro, tais discussões podem afastar o grupo de passagens do texto. Também aqui é necessário levar a discussão de volta ao texto – sem, entretanto, acabar com ela.

Consideramos importante discutir acompanhando o livro, com o objetivo de descobrir "o que ele diz". Operar com generalidades vagas ou obviedades – por exemplo, "De fato, está tudo claro, Marx diz isto ou aquilo" ou "O que você quer dizer com interpretação? Está tudo aqui escrito" – deixa de escanteio tudo o que faz franzir o cenho ao confrontar o texto e questionar o que foi lido. Ao mesmo tempo, faz pouco sentido mergulhar em minúcias em relação às passagens marginais, por exemplo rastreando cada economista citado por Marx ou reconstruindo a história de cada figura da mitologia grega mencionada etc. Na edição brasileira do Livro I d'*O capital*, há um índice de nomes literários, bíblicos e mitológicos. Além disso, notas de rodapé dos editores e do tradutor esclarecem a fonte de diversas citações de Marx. Isso pode sempre ser consultado e, na maioria dos casos, é suficiente.

Um princípio básico para discussão é este: deve ser dada suficiente atenção às questões referentes à compreensão do texto. Toda pergunta é válida; não existem dúvidas "estúpidas". Cada conceito, cada nome e cada título de livro mencionado devem ser explicados. Se alguém falar sobre Kant, Hegel, dialética ou acerca da interpretação de uma "escola" específica, o grupo pode decidir se tais contribuições devem ser explicadas pelo participante e acolhidas pelos outros em conjunto. Dessa forma, diferenças de conhecimento podem ser aproveitadas de maneira benéfica, sem promover hierarquias nem inseguranças entre os participantes. Esse cuidado também deve ser direcionado aos próprios moderadores, que – gostem eles ou não – têm algum tipo de autoridade. Examine a situação e pergunte se algo não foi entendido. Se ninguém tiver confiança para questionar, formule perguntas retrospectivas, que esclareçam o conteúdo recém-abordado. É importante criar uma atmosfera em que as perguntas não sejam consideradas inadequadas. Uma abordagem possível é direcionar as perguntas que surgem primeiramente a todo o grupo, permitindo que sejam ali discutidas. Elas não precisam ser respondidas ao estilo bate-rebate pelos moderadores. Se as indagações ficarem sem solução, o grupo pode oferecer uma ou mais respostas para discussão. Mesmo que alguma coisa fique obscura, é útil para a orientação geral oferecer uma visão da discussão ao fim de cada unidade e tornar claras as posições divergentes ou as interpretações individuais.

No entanto, se não surgirem perguntas e discussões, os moderadores podem estimulá-las, pois o fato de que dúvidas não tenham sido levantadas não significa que não existam. Por exemplo, elas podem ser formuladas assim: "O que você entendeu dessa seção?", "Examinemos a frase de modo mais detalhado..." ou "O que você acha que Marx quis dizer aqui?". Não é fácil quando inicialmente ninguém responde à questão, mas, segundo nossa experiência, atrapalha um pouco o desenvolvimento da discussão quando os moderadores se antecipam caso ninguém diga nada. Um grupo pode manter um instante de silêncio, não há problema nenhum nisso.

As pessoas não têm de falar constantemente. Algumas podem não querer participar das discussões. Contudo, todas devem estar em condições de acompanhar a conversa. Por essa razão, é uma boa ideia, ainda mais no início, perguntar com frequência como os participantes se sentem em relação ao debate e o que acham que pode ser melhorado. Uma possibilidade é limitar o tempo individual de intervenção, mantendo uma lista dos que costumam fazer discursos, dando preferência àqueles que ainda não falaram ou que raramente participam. Alguns grupos preferem uma cota por gênero para falar, enquanto outros esperam dos moderadores intervenções que estruturem e orientem o debate. Novamente, em última instância, a decisão deve ser tomada por uma prática comum, reflexiva.

Por último, mas não menos importante: não se excedam! Em vez de tentarem ser perfeitos, digam abertamente que não sabem todas as respostas ou que, por engano, deram uma informação incorreta. A questão é entender o que significa reduzir a hierarquia das equipes: ou seja, ninguém sabe tudo, e a apropriação do trabalho de Marx no grupo é um esforço coletivo. A propósito, isso também se aplica a todos os aspectos do grupo de estudos. Para o sucesso, o grupo inteiro, e não apenas os moderadores, é responsável pela organização das sessões de maneira atraente, assim como pela atmosfera dos diálogos. Nossa experiência mostra que, quanto mais os participantes se envolvem, mais produtivo e interessante é o desenvolvimento da leitura.

ORIGINAL *VERSUS* SECUNDÁRIO? LIDANDO COM O MATERIAL

Quando os assim chamados especialistas em Marx enfatizam que *O capital* não pode mais ser lido ingenuamente e que, em vez disso, os leitores devem saber e ter em conta a história do livro, aparece aí a exigência de que é preciso estar consciente do campo reiteradamente lavrado em que se move um grupo de estudos[1]. Contudo, nossa experiência com o estudo de Marx indica que a leitura "ingênua" d'*O capital*, sem preconceitos, tem um lado positivo. É certo que o trabalho deixou profundas marcas históricas no corpo coletivo do conhecimento e, portanto, indiretamente, também

---

[1] Sobre como lidar com as diferentes interpretações, ver o texto "No rastro do valor: ler *O capital* em tempos de crise", nas páginas 21-3 deste volume.

na bagagem anterior dos leitores. Todos têm alguma espécie de imagem de Marx. No entanto, *O capital* pode ser lido "ingenuamente", no sentido de que uma leitura sem preconceitos não implica desfazer-se da bagagem ideológica: alguém não familiarizado com as lutas que são travadas na literatura secundária não precisa, em primeiro lugar, deixá-las de lado a fim de se concentrar no original. Essa pessoa pode assumir o desafio de entender a crítica da economia política *em seus próprios termos*, apropriando-se do material sem ter de fazer constantes comparações com os debates travados. É também muito importante para o processo de formação o fato de que, sem posições preexistentes, podem ser feitas indagações "bobas" (isto é, não habituais, inusitadas ou inesperadas); o engajamento direto com o material força a pessoa a seguir uma leitura cuidadosa e uma reflexão rigorosa, sem o cacoete de citar referências, o que, no caso do contato inicial com o trabalho, é frequente fonte de insegurança e distração. Isso não significa que se deva permanecer nas imediações do texto e agir como se não houvesse argumentos contundentes a favor ou contra uma interpretação particular. No entanto, consideramos que a tarefa de um confronto estimulante com a obra de Marx consiste, sobretudo, em produzir um acesso o mais amplo possível ao texto. Além disso, familiarizar-se com as diferentes interpretações e discuti-las pode servir para o processo de reflexão no curso de leitura, mas isso já é um passo adicional que o grupo pode dar.

Todas as citações a *O capital* foram retiradas das traduções brasileiras publicadas pela Boitempo e de autoria de Rubens Enderle, com base nas edições em alemão da MEGA-2 e da MEW: *O capital: crítica da economia política*, Livro I: *O processo de produção do capital* (2013); Livro II: *O processo de circulação do capital* (2014); Livro III: *O processo global da produção capitalista* (no prelo).

Marx, MEGA-2 e MEW

Duas edições modernas se encontram hoje à disposição de quem quer estudar a obra de Marx no original: a MEGA-2 (Marx-Engels-Gesamtausgabe, isto é, Edição Completa das Obras de Marx e Engels), uma série acadêmica e com aparato histórico-crítico, publicada desde 1975 e da qual já foram lançados 59 dos 114 volumes planejados, e também a MEW (Marx-Engels-Werke, ou Obras de Marx e Engels), uma edição de estudo que compreende 43 volumes, um suplemento e um índice digital. Os volumes da MEW estão sendo paulatinamente adequados ao estado atual da pesquisa (como os livros 1, 8, 41 e, em breve, 40 e 13, além do 44, em um futuro próximo). A edição d'*O capital* na MEW, nos volumes 23 a 25, se apoia sobre a quarta edição alemã do Livro I, publicada sob os cuidados de Engels, e também sobre os dois outros livros, editados por ele. Para estudar os esboços feitos por Marx para *O capital*, é necessário recorrer aos volumes correspondentes da MEGA-2.

NO rastro DO valor
Ler O CAPITAL em TeMPOs De crise

Segundo a revista cultural alemã on-line *perlentaucher.de*, o livro de introdução a *O capital* escrito por David Harvey* foi um dos mais procurados no outono de 2011 na Alemanha. Em muitas livrarias, as seções de economia e política estavam repletas de novidades acerca de Karl Marx, e a demanda por *O capital* não caía. É contínuo o interesse pelo clássico. Isso não ocorreu apenas a partir das crises imobiliária e financeira dc 2008. Logo após a virada do milênio, aos poucos o interesse por Marx foi aumentando: grupos de estudos auto-organizados ou seminários de estudantes nas universidades e outras instituições educacionais se tornaram mais frequentes e desfrutaram de crescente audiência. Existem várias razões para isso.

Uma década após a queda do Muro de Berlim, quando Karl Marx foi lançado na lata de lixo da história, pouco a pouco ficou claro que o proclamado "fim da história" poderia implicar um horror interminável: o hiato entre os ricos e os pobres continuava a se ampliar, as crises econômicas se disseminavam pelo mundo, os conflitos militares aumentavam e, por último, mas não menos importante, o mundo do século XXI viu-se diante de uma crise ecológica de magnitude até então desconhecida. Ademais, as explicações típicas dos manuais de economia começavam a perder credibilidade. Que a mão invisível do mercado conduza ao melhor dos mundos possíveis não é mais algo dito nem mesmo pelo mais liberal dos liberais. Além disso, desde o fim do conflito Leste-Oeste na Alemanha, uma geração cresceu e nem mesmo conscientemente experimentou a queda do Muro de Berlim, para não falar do período da Guerra Fria. As extremadas lutas contra e a favor de Marx, as quais, ao mesmo tempo, exprimiam a fé em todo um sistema, pertenciam ao passado. Em vez disso, a realidade da vida

para essa geração foi determinada pela globalização capitalista, com suas desastrosas consequências e as diversas lutas de seus diferentes atores sociais. Ao mesmo tempo, diminuíram as possibilidades de envolvimento com teorias econômicas e sociais críticas nas universidades. A "especialização" do currículo universitário, a orientação voltada à eficiência e a pressão para o desempenho passaram a ser diametralmente opostas a um tipo de interesse no conhecimento que requer tempo e ócio. Nas instituições e nos departamentos, apenas em alguns nichos hoje é praticada uma ciência que desenvolve explicações que, tendo por objeto o modo de funcionamento da ordem social, política e econômica existente, vão além da simples justificação e afirmação.

Desse modo, o renovado interesse nos escritos de Marx pode também ser interpretado como o desejo que os jovens têm de entender, por conta própria, as experiências conflitantes da vida real. O retorno, em especial, a *O capital* tem a ver, entre outras coisas, com o fato de que em toda parte se afirma (falsamente) que Marx previu o colapso do capitalismo e desenvolveu um modelo alternativo de como a sociedade seria depois. O que menos se diz dele é que previu (dessa vez, corretamente) muitas das ocorrências no desenvolvimento futuro do capitalismo.

A leitura de Marx ocorre hoje – felizmente – sem as diretrizes ideológicas dos Estados socialistas, e o envolvimento com o autor pode se dar de forma independente; não há pressão para ler seus textos e seguir interpretações predeterminadas. As lutas encarniçadas acerca da interpretação e da leitura "correta", assim como a compulsão dentro da esquerda para instituir escolas formadoras de identidade, são estranhas à maioria dos participantes dos grupos de estudos d'*O capital*. Essas são vantagens para o renascimento da obra magna de Marx.

No entanto, é um engano acreditar que, com uma simples vista de olhos n'*O capital*, alguém pudesse obter uma ferramenta explicativa universal

---

* Ed. bras.: *Para entender O Capital: Livro I* (trad. Rubens Enderle, São Paulo, Boitempo, 2013). (N. E.)

para a atual turbulência nos mercados financeiros, para a crise da dívida grega ou para a elevação mundial do preço das fontes de energia. Aqueles que esperam conhecer toda a verdade acerca da constituição econômica de nossa sociedade após duas ou três reuniões também ficarão desapontados. A leitura de Marx, assim como o objeto que ele examina, é repleta de complexidades. Para começar, não é uma teoria acabada. Ao longo de décadas, Marx levantou questões, pesquisou e escreveu; e seu objeto de estudo mudou com o tempo. Passou dias inteiros na biblioteca do Museu Britânico lendo e lutando com o tema: descartou conclusões iniciais, reordenou o trabalho inacabado e continuou a lapidar a apresentação de seu complexo objeto. Seu plano original de publicar seis livros com a mesma amplitude d'*O capital* falhou em virtude de suas expectativas elevadas, bem como de seu precário estado de saúde e, por fim, de sua morte. A obra de Marx é uma construção analítica em processo, um esboço; é tudo, menos uma teoria acabada, coerente e conclusiva.

Contudo, *O capital* é não apenas incompleto; é também amplo. A análise ainda não está plenamente desenvolvida no Livro I e estende-se ao longo dos três tomos. O vertiginoso volume do material já é suficiente para intimidar muitos leitores em potencial: "Por que alguém deve ler um livro – ou melhor, um grosso tomo – de mais de 2.300 páginas, um peso que foi publicado pela primeira vez 140 anos atrás?". Foi assim que, em 2 de outubro de 2008, no periódico *Junge Welt*, Michael Krätke resumiu com acuidade as reservas óbvias e disseminadas. A simples leitura "superficial" ou até mesmo a escolha de alguns capítulos impedem o entendimento de como Marx analisou o modo de produção capitalista.

No livro, a exposição progressiva e o processo concomitante de conhecimento não são lineares, mas um caminho por vezes sinuoso, caracterizado por obstáculos, picos e abismos enormes. O objeto da análise de Marx – o modo de produção capitalista – é apresentado no início d'*O capital* sem que se considerem muitas determinações. No curso dos três livros, ele se desenvolve e se torna crescentemente complexo. Em última instância, chegamos à resposta da pergunta que compeliu Marx ao longo de décadas: quais princípios estruturais, modos de funcionamento e racionalidades comportamentais tornam o capitalismo o que ele é? Com Marx, treinamos a visão para as estruturas sociais nas quais somos forçados a nos mover, a "coerção muda exercida pelas relações econômicas" (Livro I, p. 808), e também para a lógica da ação e para a consciência das pessoas

que agem com base naquelas estruturas. A forma inusitada da exposição em que Marx fundamentou cientificamente essas conexões pode favorecer ou frustrar o confronto do leitor com as condições "enlouquecidas" do capitalismo. No início, é preciso lutar com muitas questões não respondidas e reunir paciência para permitir que permaneçam sem resposta por algum tempo. Isso significa ser capaz de resistir às contradições. Já nas primeiras páginas do Livro I, levantam-se questões para as quais diferentes respostas podem ser dadas, dependendo da interpretação e das suposições: o que é o valor? De onde ele vem? *O capital* é uma história do capitalismo? Por que Marx inicia sua análise com a mercadoria? Tais questões geram diferentes interpretações da obra.

Algumas vezes Marx também usa uma linguagem que é inusitada aos leitores de hoje e vale-se de termos cotidianos ("valor", "fetiche", "produtivo" etc.) que possuem um significado específico, mas em geral têm pouco a ver com nossas associações espontâneas. Isso causa confusão e noções divergentes sobre como o material deve ser interpretado. Ademais, atualmente, com a edição MEGA-2, é mais fácil reconstruir o contexto em que Engels juntou os livros II e III d'*O capital* com base nos manuscritos que Marx havia deixado. Graças a esses manuscritos de pesquisa disponíveis hoje, podemos "estabelecer em quais problemas Marx trabalhou e quão longe ele foi", nas palavras de Michael Krätke. Marx estava absolutamente ciente das dificuldades de seu trabalho, ao menos no que se refere ao início d'*O capital*. Em uma carta ao editor da versão francesa do Livro I, ele falou de seu método de investigação, que desalentaria o público francês, "impaciente por chegar a uma conclusão, ávido por conhecer a relação dos princípios gerais com as questões imediatas que despertaram suas paixões" (Livro I, p. 93): "Eis uma desvantagem contra a qual nada posso fazer, a não ser prevenir e premunir os leitores ávidos pela verdade. Não existe uma estrada real* para a ciência, e somente aqueles que não temem a fadiga de galgar suas trilhas escarpadas têm chance de atingir seus cumes luminosos" (Livro I, p. 93).

Apesar de todos os obstáculos, a persistência na leitura é recompensadora: *O capital* revela que as relações são, na verdade, relações de classe, desnuda a ideologia dominante da sociedade supostamente sem classes dos "serviços" e da "informação" e desmascara o discurso sobre o fim da história, que estiliza a economia de mercado como correspondendo à "essência" da

---

* Isto é, em linguagem contemporânea: não há uma "via expressa" para a ciência. (N. R. T.)

humanidade, como se esta pudesse ser reduzida a um individualismo mesquinho. Com Marx, explica-se lucidamente, por exemplo, como a fé nas bênçãos do livre mercado não pode ser reduzida aos interesses da classe dominante, mas deve ser atribuída à universal naturalização de formas sociais historicamente específicas. Isso significa que, na sociedade burguesa, as pessoas, em suas representações cotidianas, identificam as coisas que as cercam e as relações nas quais vivem com o modo de produção capitalista e de vida: o dinheiro em seu estado material aparece como algo valioso em um sentido trans-histórico; a propriedade e a competição, como naturais e incentivos necessários à criatividade e ao esforço; a troca de mercadorias, como a única possibilidade de fazer com que as pessoas tenham acesso aos bens e aos serviços de que necessitam.

A "crítica da economia política" questiona a consciência cotidiana em suas bases, inclusive – e especialmente – a própria consciência. Ao mesmo tempo, Marx explica como essas percepções cotidianas estão baseadas na *própria sociedade* e, portanto, possuem certa plausibilidade – tanto para os capitalistas quanto para os assalariados; por exemplo, por que inicialmente parece natural exigir um salário "justo" ou por que a máxima do indivíduo racional, egoísta, maximizador da utilidade ("o homem é o lobo do homem") em nossa sociedade de cães que comem gatos é explicada como se fosse característica de uma "natureza humana" quase congênita, inata. E por que é tão disseminada a noção do capital produtivo ("bom") contraposta ao capital especulativo ("mau") ou por que ambas as esferas são concebidas como separadas; por que patrões "gananciosos" ou administradores "incompetentes" são considerados vilões de uma economia saudável, enquanto as crises são apresentadas como desvios de uma economia que, de outra forma, funciona normalmente.

Quem quer que se envolva na leitura intensiva d'*O capital* descobre que as constantes básicas e inquestionáveis de nossa vida e de nossa sobrevivência cotidianas – dinheiro, propriedade, troca de mercadorias – pertencem ao capitalismo e constituem seus fundamentos, sem serem, de forma nenhuma, trans-históricas nem necessidades naturais concedidas por Deus. Por trás das coisas, são visíveis relações sociais, entre pessoas. Trespassá-las conceitualmente, com todas as contradições, caracteriza a linha de ataque da obra magna de Marx. A análise é nada mais nada menos do que isso. Se alguém quiser analisar o modo de produção capitalista no século XXI,

com todas as suas formas históricas específicas de manifestação, a leitura d'*O capital* não é suficiente. Marx analisa o modo de produção capitalista em "sua média ideal" (Livro III), com a reivindicação de validade para todas as manifestações espacial e temporalmente variadas do capitalismo. Marx escreve que "a mesma base econômica – a mesma no que diz respeito às condições principais –, devido a inúmeras circunstâncias empíricas de diversos tipos, condições naturais, relações raciais, influências históricas externas etc., apresenta infinitas variações e matizes em sua manifestação, que só podem ser entendidas mediante análise dessas circunstâncias empiricamente dadas" (Livro III). Entender como esses capitalismos concretos aparecem e o que distingue o capitalismo contemporâneo e suas crises dos capitalismos anteriores não é possível apenas com a leitura de Marx, mas sim com o exame somado de outras análises. Se perguntarmos a um participante dos grupos de estudos d'*O capital* o que o levou a ler e a persistir nisso (afinal, alguns abandonam a leitura após algumas reuniões), perceberemos um conjunto variado de interesses e motivações. O espectro varia desde o mero reconhecimento de que a leitura d'*O capital* é estimulante e enseja uma maior soberania nos debates políticos até o desejo de fornecer fundamentos teóricos à própria crítica, algumas vezes difusa, das condições sociais. Também envolve o reconhecimento de que não se pode esquecer Marx caso se deseje entender a sociedade no contexto de sua totalidade ou até mesmo a afinidade com o estilo agradável, sarcástico e ocasionalmente literário que flui da pena do autor. Durante a leitura do texto e ao lidar intensamente com as categorias nele desenvolvidas, algumas portas de conhecimento se abrem aos participantes. O modo surpreendente com o qual *O capital* enseja uma visão completamente distinta, inusitada e cativante da sociedade encoraja a continuação da leitura. Onde ocasionalmente tudo parece "encoberto", o leitor constantemente escala novos picos, a partir dos quais se torna possível enxergar, pela primeira vez, certas conexões. E uma razão final para persistir na leitura encontra-se no fato de que é apenas no Livro III que os movimentos dos mercados financeiros e dos sistemas de crédito são tratados por meio da categoria do capital fictício. Mesmo para aqueles que já o leram, a releitura d'*O capital* pode ensejar mais luz, trazer à tona aspectos previamente não percebidos ou, novamente, colocar em questão tudo o que parecia antes esclarecido.

Abram-se as cortinas!

Introdução à leitura d'O capital
QUADRO 1 (DE 8)

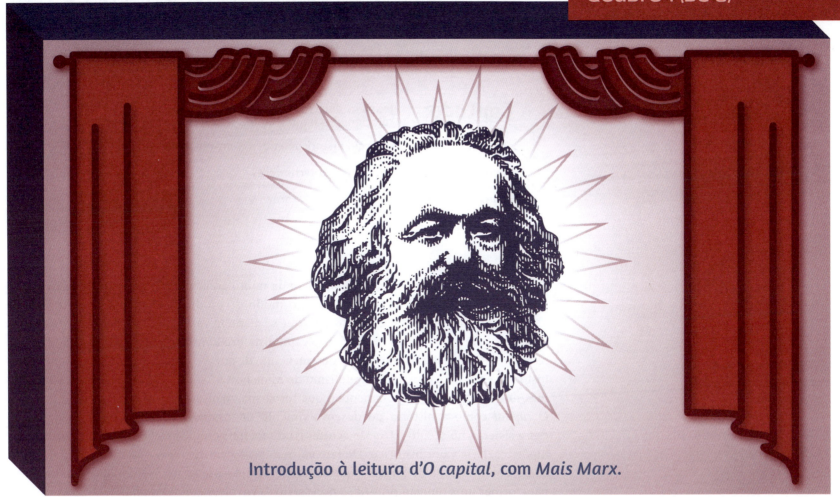

Introdução à leitura d'*O capital*, com *Mais Marx*.

Introdução à Leitura d'O Capital

quadro 2 (de 8)

anotações:

Por que ler O capital hoje?

Porque ele é atualíssimo!

Marx se pergunta: o que faz com que o capitalismo seja o capitalismo?

• Ele não examina um país específico (por exemplo, o capitalismo inglês por volta de 1860) nem uma era em particular (como o início da industrialização).

• O objeto é o modo de produção capitalista em "sua média ideal" (Livro III), mas o capitalismo sempre existe apenas em uma manifestação histórica concreta. A análise de Marx se move em um nível abstrato.

Contudo: Existem diversas interpretações d'O capital, em geral relacionadas a questões do seguinte tipo:

• Como o capitalismo emergiu historicamente e como ele se desenvolveu?
• Como funcionou o capitalismo no século XIX?
• Como o capitalismo funciona via de regra?

Veja e forme sua opinião!

Com quase 150 anos de vida, O capital é ainda muito esclarecedor para o entendimento do capitalismo no século XXI. Marx analisa o modo de produção capitalista em "sua média ideal", e o estudo que ele faz é tão abstrato que se mantém válido independentemente do país e da época em que o modo de produção capitalista predomine. Essa é a interpretação a que os autores deste material educativo aderem. O fato de que Marx não examina um capitalismo histórico específico (como o "capitalismo de Manchester", ou da Inglaterra, no século XIX), mas suas leis gerais, é precisamente o que torna sua análise contemporânea. Já outros leem O capital como a história do desenvolvimento do capitalismo ou como uma descrição desse sistema no século XIX. De acordo com tais interpretações, O capital, na melhor das hipóteses, teria valor histórico. De fato existem passagens textuais – tanto na obra de Marx como, sobretudo, na de Engels – que sugerem tais interpretações. No entanto, não há saída: para formar uma opinião própria, é necessário se envolver com O capital.

O SURGIMENTO D'O CAPITAL

O capital não foi escrito de uma vez:

Marx (Trier, 1818-Londres, 1883) esboçou a estrutura do livro diversas vezes, sempre com alterações.
Entre 1857 e 1879, surgiram vários manuscritos: Marx lutava com o material, jogava-o fora, reescrevia-o, tornava-o mais preciso.

O **Livro I** d'*O capital* foi publicado pela primeira vez em 1867. A quarta edição alemã foi revista por Engels e publicada em 1890.
O **Livro III** está baseado em um manuscrito que data de antes da publicação do Livro I.
O **Livro II**, por sua vez, dependeu de manuscritos compostos mais tarde (1868-1881). Ambos os volumes, II e III, foram publicados por Engels.

Marx não conheceu, portanto, os três livros como o conhecemos! A obra não foi completada pelo autor.

INTRODUÇÃO À LEITURA D'O CAPITAL

QUADRO 3 (DE 8)

anotações:

Os estudos de Marx levaram-no, ao final dos anos 1850, a desenvolver sua própria teoria. Entre 1857 e 1858, ele compôs o primeiro rascunho d'*O capital* (*Grundrisse: manuscritos econômicos de 1857-1858 – Esboços da crítica da economia política*). Em 1859, a *Contribuição à crítica da economia política* foi publicada, apenas com o capítulo "Mercadoria e dinheiro". Em 1867, o Livro I foi finalmente publicado. Para a segunda edição (1872), Marx revisou o capítulo 1 e reestruturou a apresentação mediante a divisão do livro em seções e capítulos. Para a versão francesa (1875), ele reformulou a seção sobre o processo de acumulação. Esse texto deveria ter sido a base para uma terceira edição alemã; contudo, apesar de todos os esforços para continuar o Livro I, o trabalho não foi concluído pelo autor. Após a morte de Marx, Engels defrontou-se com uma tarefa quase impossível. Entre seus bens, ele encontrou os manuscritos, a partir dos quais reconstruiu os textos para os livros II e III d'*O capital*. A dificuldade para Engels era o fato de os manuscritos terem sido escritos, todos eles, em épocas diferentes, expressando estágios variados do conhecimento de Marx. Portanto, Engels foi forçado a (re)estruturar o texto e a padronizar a terminologia.

INTRODUÇÃO À LEITURA D'O *CAPITAL*

QUADRO 4 (DE 8)

ANOTAÇÕES:

MARX NÃO É MARX

Marx escreveu durante toda a vida, por aproximadamente meio século. Desenvolveu continuamente sua análise, e seu objeto de estudo mudou com o passar do tempo. Apenas alguns de seus textos sobre economia política foram publicados durante sua existência.

Os textos lançados após a morte de Marx foram editados, revisados e publicados ao longo de diferentes décadas (livros II e III d'*O capital* por Friedrich Engels; *Teorias do mais-valor* por Karl Kautsky).

A história da recepção da obra de Marx é complexa e relaciona-se a contextos históricos e políticos particulares, bem como com a disponibilidade dos textos específicos.

O desenvolvimento e o refino de sua obra magna levaram quase quarenta anos. Já durante seu primeiro período de emigração, em Paris, Marx estudou a bibliografia clássica e contemporânea, sobretudo aquela relacionada à economia política (os chamados *Manuscritos econômico-filosóficos*, de 1844). Ele retomou esses estudos durante seu exílio em Londres (rascunhos de 1850-1853). Os economistas britânicos Adam Smith e David Ricardo já haviam escrito sobre os princípios da economia política e da tributação. Marx os seguiu, reconhecendo suas realizações e também os criticando. Ele se distanciou da economia acadêmica, a *Nationalökonomie* da Alemanha. A acolhida da obra de Marx depende do contexto histórico e político. Na Alemanha, o Partido Social-Democrata foi proibido por Bismarck logo após sua formação, por meio da "lei dos socialistas" (*Sozialistengesetz*), vigente entre 1878 e 1890. Com a fundação da Segunda Internacional (1899), a difusão e o estudo da teoria de Marx aumentaram vertiginosamente. Dessa maneira, o marxismo alcançou uma grande difusão na Europa do final do século XIX.

Crítica da economia política

INTRODUÇÃO À LEITURA D'O CAPITAL
QUADRO 5 (DE 8)

ANOTAÇÕES:

"Crítica da economia política" é o subtítulo d'*O capital*. À época, "economia política" era o termo usado para designar a ciência econômica.

Marx criticou os alicerces fundamentais da economia política, não apenas algumas teorias, hipóteses e descobertas.

A crítica da economia política é também uma crítica da sociedade burguesa e de suas relações de classe.

Marx estabeleceu uma exigência elevada: todo um campo teórico, incluindo suas premissas, deveria ser submetido à crítica. A economia política, de acordo com ele, proporcionara muitos conhecimentos corretos (e fundamentos valiosos para sua própria análise), mas raramente havia apresentado as questões acertadas em relação ao objeto. Ela permaneceu aprisionada nos padrões burgueses de reflexão. Assim, a crítica da economia política de Marx não foi apenas a crítica a um entendimento particular da teoria e da ciência, mas também um confronto crítico com a sociedade, com a qual essa ciência se relaciona de modo afirmativo.

Introdução à leitura d'O Capital

Quadro 6 (de 8)

anotações:

O TIPO DE ANÁLISE

Para evitar possíveis erros de compreensão, ainda algumas palavras. De nenhum modo retrato com cores róseas as figuras do capitalista e do proprietário fundiário. Mas aqui só se trata de pessoas na medida em que elas constituem a personificação de categorias econômicas, as portadoras de determinadas relações e interesses de classes. (Livro I, p. 80)

Uma análise do capitalismo em um sentido marxiano significa:

- Em primeiro lugar, determinar as relações sociais que impõem aos indivíduos certa racionalidade em sua ação.
- Não partir de motivações e cálculos dos indivíduos.
- Compreender criticamente como as pessoas agem como "capitalistas" ou como "trabalhadoras".

Dessa análise deriva uma crítica do capitalismo, não uma repreensão aos capitalistas.

A análise de Marx é diferente tanto da economia política clássica quanto da economia neoclássica. Em vez de basear a análise da sociedade em motivações, interesses e ações individuais – o famoso *homo oeconomicus*, o indivíduo racional, maximizador da utilidade e completamente informado –, n'*O capital* as pessoas aparecem como "a personificação de categorias econômicas". Isso significa que as estruturas, os interesses e as relações de classe são incorporados aos indivíduos e operam por meio deles; os seres humanos formam o "conjunto das relações sociais" (Teses sobre Feuerbach, em *A ideologia alemã*). Em outras palavras, os cálculos dos indivíduos não explicam o sistema econômico, mas o oposto é verdadeiro: examinando o sistema, o agir dos indivíduos pode ser analisado, quando não precisamente determinado ou ao menos previsto. Por exemplo, não é a ganância dos administradores que causa uma crise financeira; no entanto, a ganância dos administradores pode ser explicada pelas leis do movimento do capital (financeiro). O fato de que Marx refere-se a seu procedimento analítico no prefácio do Livro I d'*O capital* ressalta a importância desse método para a compreensão de sua teoria.

A ESTRUTURA DOS TRÊS LIVROS

Livro I
Circulação simples das mercadorias

Livro II
Processo de circulação do capital

Processo de produção do capital

Livro II
Processo de circulação do capital

$$D \begin{cases} FT \\ MP \end{cases} \quad \ldots P \quad \ldots V' \quad - D'$$

Processo global do capital
Livro III

INTRODUÇÃO À LEITURA D'O CAPITAL

QUADRO 7 (DE 8)

DICA:
Este quadro e os quadros seguintes podem ser usados em situações diferentes. Outros quadros referem-se repetidamente ao conteúdo. Uma vez que eles antecipam coisas que não podem ou não precisam ser entendidas de imediato, é aconselhável, principalmente ao fim do seminário, retornar àquilo que aqui foi exposto.

ANOTAÇÕES:

O dinheiro (D) compra a força de trabalho (FT) e os meios de produção (MP). P é o processo de produção no qual surge um produto que vale mais (V') que a soma de FT e MP. Esse produto é transformado em mais dinheiro (D') do que o originalmente adiantado (D). D' é reinvestido (como um novo D), e o processo se repete. Os hifens (-) representam trocas; as reticências (...) simbolizam o processo de produção, durante o qual nenhuma troca ocorre. Essa fórmula é encontrada no Livro II d'*O capital*. Mesmo que os conceitos e as conexões apresentados aqui não sejam autoexplicativos, eles possibilitam um panorama inicial.

INTRODUÇÃO À LEITURA D'O CAPITAL

QUADRO 8 (DE 8)

DICA:

É plenamente justificável (por ora) que alguém se assuste com a apresentação deste quadro. O pânico é "uma desvantagem contra a qual nada posso fazer, a não ser prevenir e premunir os leitores ávidos pela verdade. Não existe uma estrada real para a ciência, e somente aqueles que não temem a fadiga de galgar suas trilhas escarpadas têm chance de atingir seus cumes luminosos" (Livro I, p. 93). ☺

ANOTAÇÕES:

Esta é uma ilustração simplificada com a qual se pretende relacionar os vários níveis da exposição do Livro I. É também uma orientação para a caixa "nível da exposição" nos quadros subsequentes. *Nota: "Imediato" significa "sem mediação". Embora a produção e a reprodução do capital sejam mediadas pela circulação, lidamos com elas abstraindo da circulação nesse nível da exposição. A circulação é analisada no Livro II d'*O capital*. Até o capítulo 22, Marx também abstrai essencialmente de outros capitais. O objeto de investigação é um capital individual, que ainda não foi inteiramente determinado. De modo geral, no curso da apresentação, o autor acrescenta outras determinações às categorias, o que significa que aspectos adicionais são incorporados mais tarde, em um nível diferente de abstração. Assim, por exemplo, a mercadoria ao fim do Livro I é mais rica em determinações do que a mercadoria no capítulo 1, mas Marx não poderia ter apresentado tudo de uma vez.

...e assim começa

> A **riqueza** das sociedades onde **reina** o modo de produção capitalista **aparece** como uma "enorme coleção de **mercadorias**", e a **mercadoria** individual como sua **forma elementar**. Nossa investigação começa, por isso, com a análise da mercadoria. (Livro I, p. 113)

OS DOIS FATORES DA MERCADORIA
QUADRO 1 (DE 15)

NÍVEL DA EXPOSIÇÃO
Circulação simples de mercadorias

DICA 1
É aconselhável deixar alguém ler a frase em voz alta e permitir que outros a expressem com as próprias palavras.

DICA 2
Procure chamar a atenção para a informação contida nessa frase, observando que as questões levantadas ainda não esclarecem nada, apenas sensibilizam o leitor para certos conceitos ou termos. Questões em aberto devem ser recolhidas em um "catálogo de perguntas", feito a cada reunião até que os pontos sejam esclarecidos por meio de discussões ou pelo texto.

ANOTAÇÕES:

A primeira frase é, com frequência, desconsiderada quando se lê *O capital*. Aqui, dedicamos todo um quadro a ela, uma vez que contém uma importante informação no que concerne ao objeto e à exposição da análise do autor: Marx indica quais sociedades pretende examinar, isto é, qual é o objeto de sua investigação. Conceitos como "riqueza", "aparece" e "forma elementar" podem ser interpretados de modos diferentes. Por exemplo, a palavra "aparece" pode ser interpretada como "surge como" ou "assume a aparência de". Isso suscita questões que ainda não podem ser solucionadas, mas a primeira frase já mostra como Marx tem de ser lido: o significado de muitos de seus termos difere do uso cotidiano. Marx também declara aqui a razão pela qual inicia sua análise com a mercadoria. Com relação à questão sobre se teria havido mercadorias antes do capitalismo, as proporções de equiparação das mercadorias são válidas porque são pressupostas certas relações sociais. Mesmo se nem tudo que é produzido é mercadoria, no capitalismo a maioria dos produtos assume a forma de mercadorias. Isso significa que a mercadoria é a forma dominante por meio da qual as pessoas estabelecem relações.

OS DOIS FATORES DA MERCADORIA

QUADRO 2 (DE 15)

NÍVEL DA EXPOSIÇÃO
Circulação simples de mercadorias

DICA
Em relação ao texto original, este é o conjunto de quadros mais longo. Ele exige bastante tempo, não apenas porque muitas questões são levantadas no início, mas também porque as categorias são ainda bem abstratas.

ANOTAÇÕES:

VALOR DE USO

Uma cadeira
Você pode sentar-se ou ficar em pé nela, é confortável e feita de boa madeira, que queima bem etc.

O valor de uso é o conjunto das propriedades materiais e da utilidade subjetiva de um produto.

Um livro
Você pode lê-lo, é feito de papel, pode ser interessante ou chato etc.

 **A utilidade de uma coisa faz dela um valor de uso.** (Livro I, p. 114)

Diversas questões surgem com a categoria do valor de uso. Por exemplo, o que precisamente significa "útil"? Isso é uma propriedade individual ou social? O que é "material"? Estamos lidando aqui apenas com "coisas" (algo objetivo) ou também com serviços? Onde e quando um produto é útil (por exemplo, um refrigerador no Polo Norte ou água no deserto)? De que depende a utilidade de algo? Como coisas aparentemente inúteis – o lixo, por exemplo – podem ser negociadas e tornar-se claramente mercadorias?

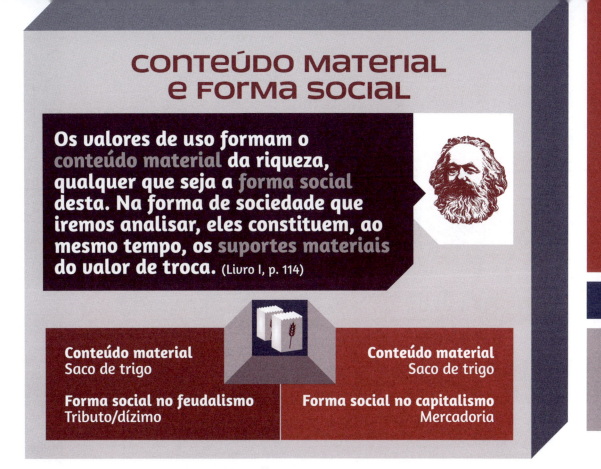

OS DOIS FATORES DA MERCADORIA
QUADRO 3 (DE 15)

NÍVEL DA EXPOSIÇÃO
Circulação simples de mercadorias

DICA
A distinção entre forma e conteúdo é encontrada em todo *O capital*. Por essa razão, este quadro pode ser usado em vários momentos. Ele será mencionado diversas vezes.

ANOTAÇÕES:

Este quadro tematiza a distinção entre forma e conteúdo. O conceito de forma é encontrado em diferentes níveis na obra de Marx e envolve várias dimensões. Os sacos de trigo são uma ilustração (adicional) em que a distinção entre forma (mercadoria/dízimo) e conteúdo (saco de trigo) é feita com relação ao produto fabricado: não se pode sentir com as mãos, não se pode ver nem provar com o paladar sob quais relações sociais o produto do trabalho – por exemplo, o trigo – foi cultivado. No plano sensível-material, dois sacos de trigo podem parecer o mesmo. Contudo, as condições sociais sob as quais eles foram produzidos talvez variem: o saco de trigo pode ser um tributo pago a um senhor feudal por um servo (feudalismo), uma mercadoria para venda no mercado (capitalismo) ou uma contribuição para satisfazer necessidades humanas ("associação de homens livres"). A citação de Marx lida com questões adicionais dos conceitos de forma e de conteúdo: de um lado, em um nível categorial, trata-se da distinção entre valor de troca (produtos como mercadorias, uma forma específica do capitalismo) e valor de uso (o conteúdo material, o portador material dessa forma); de outro lado, no nível das diferentes formações sociais (feudalismo, capitalismo, "associação de homens livres"), faz-se referência ao contexto global da análise.

OS DOIS FATORES DA MERCADORIA

QUADRO 4 (DE 15)

NÍVEL DA EXPOSIÇÃO
Circulação simples de mercadorias

ANOTAÇÕES:

valor de troca

O valor de troca de uma mercadoria é o que alguém recebe em troca dela.

1 cadeira = 2 calças

Enunciado A:
1 cadeira é o valor de troca de 2 calças.

Enunciado B:
2 calças são o valor de troca de 1 cadeira.

A expressão "valor de troca" pressupõe duas mercadorias em uma relação de troca. Neste ponto, com frequência surge a questão referente ao dinheiro: no capitalismo, as mercadorias não são trocadas por outras mercadorias, e sim por dinheiro. Na análise, contudo, o dinheiro ainda não foi introduzido como categoria. Inicialmente, o valor de troca é analisado de acordo com a relação entre duas mercadorias, porque Marx temporariamente descarta o dinheiro, isto é, abstrai dele, embora o dinheiro esteja implícito. O prefácio à primeira edição do Livro I (p. 77-81) oferece uma boa ilustração do método de abstração, à qual é possível retornar ao longo do curso.

Com frequência, questiona-se a respeito de a categoria mercadoria referir-se exclusivamente a coisas "materiais". Por essa razão, neste quadro, a corrida de táxi serve como exemplo de diversos serviços que são com frequência referidos como "imateriais", mesmo quando envolvem aspectos materiais. Contudo, o ponto é se as mercadorias precisam ser bens materiais ("coisas"). Aqui, pode-se fazer referência ao conceito de forma de Marx; concretamente, ao fato de que, no capitalismo, o produto do trabalho assume a forma de mercadoria. Aqui, são de suma importância as condições sociais sob as quais as mercadorias são produzidas – e com que finalidades. Por outro lado, não é decisivo o fato de uma mercadoria específica ser uma coisa ou um serviço.

OS DOIS FATORES DA MERCADORIA

QUADRO 6 (DE 15)

NÍVEL DA EXPOSIÇÃO
Circulação simples de mercadorias

anotações:

Uma dica concernente à citação de Marx: a palavra "ou" não aparece como "isso ou aquilo", mas como "no sentido de" (uma vez que a questão em foco é a troca de equivalentes). Essa frase não precisa ser válida para qualquer ato ocasional de troca, considerado individualmente. Se, contudo, a troca é a forma dominante das relações econômicas, a citação é válida.

OS DOIS FATORES DA MERCADORIA

QUADRO 7 (DE 15)

NÍVEL DA EXPOSIÇÃO
Circulação simples de mercadorias

ANOTAÇÕES:

...disso se segue que:

> Os valores de troca vigentes da mesma mercadoria expressam algo igual. (Livro I, p. 115)

> O valor de troca não pode ser mais do que o modo de expressão, ou "forma de manifestação", de um conteúdo que dele pode ser distinguido. (Livro I, p. 115)

A primeira citação nos coloca no rastro do valor, categoria intangível que parece evadir-se de todo e qualquer conhecimento. A segunda citação oferece uma determinação adicional do valor de troca. Inicialmente, foi aquilo que alguém obteve em troca de uma mercadoria (ver quadro 4, p. 36). Agora, é o "modo de expressão" ou a "forma de manifestação" de outra coisa (aqui, em contraste com manuscritos anteriores, Marx evita usar o termo "essência" como antônimo filosófico de "manifestação"). Também no que diz respeito a esse exemplo, pode-se deixar claro: os conceitos n'*O capital* (mercadoria, trabalho, dinheiro, capital etc.) são mais detalhados no curso da exposição.

OS DOIS FATORES DA MERCADORIA
QUADRO 8 (DE 15)

NÍVEL DA EXPOSIÇÃO
Circulação simples de mercadorias

DICA
Agora as coisas complicam, uma vez que a distinção entre valor e valor de troca usualmente suscita muitas questões. Então, para os quadros a seguir, é aconselhável dedicar o tempo que for necessário.

ANOTAÇÕES:

DO VALOR DE TROCA AO VALOR

1 cadeira = 2 calças

Cadeira e calças devem ter algo em comum, mas isso não tem nada a ver com suas propriedades materiais.

Porque

é precisamente a abstração de seus valores de uso que caracteriza a relação de troca das mercadorias.

Essa abstração ocorre no momento da troca.

Qual é essa terceira coisa em comum?

Que a abstração ocorra *no momento da troca* indica que, por exemplo, ao fazer compras no supermercado, não abstraímos conscientemente do fato de que o tomate é vermelho, suculento, redondo, mas fazemos isso de fato (sem sequer pensarmos sobre isso): reduzimos os diferentes e incomparáveis valores de uso a algo que é comparável mediante a troca um com o outro, em uma relação quantitativa específica. De novo, o quadro funciona aqui exclusivamente para exemplificar o mundo de mercadorias tangíveis, com o objetivo de não forçar muito a imaginação (é mais difícil de captar a expressão de valor ao usar exemplos de serviços). Contudo, é fácil imaginar que uma corrida de táxi possa ser trocada por duas calças.

valor

O que permanece quando abstraímos todas as propriedades úteis, concretas, material-sensíveis de uma mercadoria?

As mercadorias são, então, meramente **produtos do trabalho**, não de um ato particular, concreto, de trabalho, mas do **trabalho humano abstrato**, do trabalho como tal.

Como cristais dessa **substância social que lhes é comum**, elas são valores – valores de mercadorias. (Livro I, p. 116)

OS DOIS FATORES DA MERCADORIA
Quadro 9 (de 15)

Nível da exposição
Circulação simples de mercadorias

Dica 1
Aqui, pode-se citar brevemente a carta de Marx a Kugelmann de 11 de julho de 1868, incluída no volume *Cartas de Marx a Kugelmann* (Moscou, Progresso/Avante!, 1928) das Obras Escolhidas em Três Tomos. Disponível em: <https://www.marxists.org/portugues/marx/1868/07/11.htm>; acesso em novembro de 2016.

Dica 2
Marx já se refere, na p. 116 do Livro I, ao "trabalho humano em abstrato", mas apenas no item seguinte, a partir da p. 119, a categoria é determinada com mais precisão.

Anotações:

Para aquilo que tem em vista, Marx exclui as propriedades (geométrica, física ou química) das mercadorias, uma vez que são relevantes apenas para seu valor de uso, o que não é o caso aqui. Com frequência, questiona-se por que justamente o trabalho deve ser esse terceiro elemento em comum, uma vez que também são trocadas mercadorias que não são produtos de trabalho despendido, como a água, o solo virgem ou a madeira caída. Ademais, critica-se o fato de que Marx não prova sua teoria do valor-trabalho, ele simplesmente a assume. Essas objeções podem ser refutadas se levarmos em consideração que, em uma importante passagem de *Contribuição à crítica da economia política*, trabalho preliminar a *O capital*, Marx deixa claro que, inicialmente, está preocupado com as mercadorias que são produto do trabalho humano. Além disso, ele não queria "provar" a teoria do valor-trabalho: toda sociedade precisa dividir o trabalho. A diferença está em como isso é feito. Uma sociedade baseada na troca regula essa divisão do trabalho por meio do valor. A diferença decisiva entre Marx e a economia política clássica é a distinção analítica da forma específica que o trabalho assume sob as relações capitalistas (e apenas ali). A diferença de significado entre "comum" (= ter algo em comum com os outros) e "social" (= dividir algo em sua relação com os outros) indica duas importantes determinações do valor.

OS DOIS FATORES DA MERCADORIA

QUADRO 10 (DE 15)

NÍVEL DA EXPOSIÇÃO
Circulação simples de mercadorias

anotações:

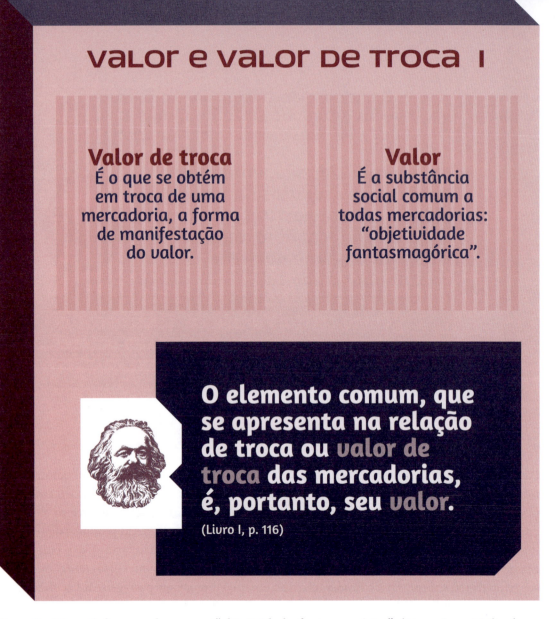

valor e valor de troca I

Valor de troca
É o que se obtém em troca de uma mercadoria, a forma de manifestação do valor.

Valor
É a substância social comum a todas mercadorias: "objetividade fantasmagórica".

O elemento comum, que se apresenta na relação de troca ou *valor de troca* das mercadorias, é, portanto, seu *valor*.
(Livro I, p. 116)

Quando Marx define o valor como "objetividade fantasmagórica" (Livro I, p. 116), ele se aproxima de sua natureza contraditória por meio de uma imagem vívida: de um lado, o valor não é tangível, algo extraterrestre e invisível como um fantasma; de outro, o valor não é exatamente algo imaginário, mas tem um efeito real. Esse valor real precisa de uma expressão objetiva, uma forma na qual ele se apresente: o valor de troca. Para ficarmos com os exemplos anteriores: se duas calças podem ser trocadas por uma cadeira, o valor de troca de duas calças é uma cadeira ou, de outra forma, na troca, a cadeira dá ao "fantasma" (valor) um corpo.

OS DOIS FATORES DA MERCADORIA

QUADRO 11 (DE 15)

NÍVEL DA EXPOSIÇÃO
Circulação simples de mercadorias

DICA
Se um ou outro participante franzir o cenho ou esquentar a cabeça, não se preocupe! O valor é um tema intrincado, que precisa de tempo para ser compreendido.

ANOTAÇÕES:

Com relação à diferença entre valor e valor de troca, surge com frequência a questão sobre onde exatamente está localizado o valor e onde ele se origina e se manifesta (no processo de produção ou na troca). O fato de existirem diversas formas de leitura responsáveis por interpretações diferentes do valor indica que a dúvida não pode ser facilmente solucionada. Para cada uma das interpretações, pode-se encontrar uma correspondente citação de Marx: a *Neue Marx-Lektüre* [Nova leitura de Marx] alemã enfatiza o caráter social do valor, no qual "não está contido um único átomo de matéria natural" e que "só pode se manifestar numa relação social entre mercadorias" (Livro I, p. 125). Outras interpretações remontam o surgimento do valor à produção. Cada artigo produzido possui valor independentemente da troca: a mercadoria contém valor da mesma forma que feijoada contém feijão. Com Marx, pode-se, portanto, dizer que "é a grandeza de valor da mercadoria que regula suas relações de troca" (Livro I, p. 139). A questão levantada aqui (sobre onde o valor se encontra exatamente e onde ele surge e se manifesta) acompanha o progresso da leitura, sem uma resposta satisfatória por enquanto.

OS DOIS FATORES DA MERCADORIA

QUADRO 12 (DE 15)

NÍVEL DA EXPOSIÇÃO
Circulação simples de mercadorias

ANOTAÇÕES:

A GRANDEZA DO VALOR

Não é o tempo de trabalho individualmente despendido que é formador do valor, mas o tempo de trabalho socialmente necessário.

O que é isso?

Simplesmente, a força de trabalho que tem o caráter de força de trabalho social média.

O que é força de trabalho social média?

- Condições sociais normais de produção
- Grau social médio de destreza dos trabalhadores
- Grau social médio de intensidade do trabalho

Isso ainda não responde completamente à questão sobre a grandeza do valor. Determinações mais exatas são encontradas adiante ("O duplo caráter do trabalho representado nas mercadorias", quadros 4 e 6, p. 51 e 53). Com frequência, debate-se sobre o que significa o termo "média". Como essa média é determinada? "Média" não deve ser entendida aqui em sentido aritmético, mas no sentido de "mais disseminado". Essa grandeza média é antes determinada na troca: apenas no mercado é que se evidencia pela primeira vez aos produtores de mercadorias o nível de tecnologia, de destreza e de qualificação que se impôs como "normal". É essa a razão pela qual faz sentido, ao longo da exposição, remeter ao aspecto social da formação do valor. No segundo item do capítulo 1, o tópico é tratado com mais profundidade ("O duplo caráter do trabalho representado nas mercadorias", p. 119).

A força produtiva do trabalho

> Quanto maior é a **força produtiva** do trabalho, menor é o tempo de trabalho requerido para a produção de um artigo, menor a massa de trabalho nele cristalizada e menor seu **valor**. (Livro I, p. 118)

OS DOIS FATORES DA MERCADORIA
QUADRO 13 (DE 15)

NÍVEL DA EXPOSIÇÃO
Circulação simples de mercadorias

DICA
Para uma ilustração da citação, veja o quadro seguinte.

ANOTAÇÕES:

Essa é a primeira passagem em que Marx fala da força produtiva do trabalho, isto é, de sua produtividade. Um aumento da força produtiva significa que, no mesmo intervalo de tempo ou com o mesmo dispêndio de trabalho, mais produtos podem ser produzidos (por exemplo, com o uso de maquinaria). Isso desempenhará repetidamente um importante papel nos próximos capítulos, especialmente em relação à competição entre os capitalistas. Uma mudança de produtividade na produção de determinada mercadoria tem efeitos sobre sua quantidade de trabalho socialmente necessária e, portanto, sobre a grandeza de seu valor. A citação escolhida aqui deixa clara a conexão.

OS DOIS FATORES DA MERCADORIA

quadro 14 (de 15)

NÍVEL DA EXPOSIÇÃO
Circulação simples de mercadorias

anotações:

A ilustração deste quadro (bem como de outros) gera o risco de fazer com que o valor apareça como algo intrínseco a uma mercadoria individual. O que é constitutivo do valor, contudo, não é o trabalho despendido individualmente na produção, mas o trabalho que emerge como média de tempo de trabalho socialmente necessário (ver quadro 12, sobre grandeza do valor, p. 44).

ESCLARECIMENTOS FINAIS

Existem mercadorias que não são produto do trabalho: elas têm valor de uso e podem ter valor de troca (se vendidas), mas não valor.
Exemplo: solo virgem.

 Aqui, o valor de uso não é uma forma de manifestação do valor.

Há produtos de trabalho com valor de uso, mas não valor de troca: quem não troca esse produto não produziu uma mercadoria e, portanto, não produziu valor.
Exemplo: assar uma pizza em casa ao receber amigos.

 Sem valor, não há valor de troca, apenas valor de uso.

Produtos que não podem ser trocados (uma vez que ninguém os deseja) não têm valor de uso para os outros; portanto, são inúteis. O trabalho incorporado neles revela-se inútil.

 Se não possui valor de uso para os outros, não têm valor e, portanto, não é mercadoria.

OS DOIS FATORES DA MERCADORIA
QUADRO 15 (DE 15)

NÍVEL DA EXPOSIÇÃO
Circulação simples de mercadorias

ANOTAÇÕES:

Sobretudo com relação às mercadorias que não são produto do trabalho e que, no entanto, podem ser trocadas, com frequência surgem questões que, neste ponto, (ainda) não podem ser respondidas usando a obra de Marx. Inicialmente, Marx examina mercadorias como produtos do trabalho humano – como um "caso normal" presumido (ver quadro 9, p. 41). A determinação do valor de troca das mercadorias que não são produto do trabalho humano é objeto do Livro III d'*O capital* (por exemplo, seção sobre a renda da terra), ao qual Marx faz breve referência nessa passagem.

O DUPLO CARÁTER DO TRABALHO REPRESENTADO NAS MERCADORIAS

QUADRO 1 (DE 7)

NÍVEL DA EXPOSIÇÃO
Circulação simples de mercadorias

DICA
A fim de ilustrar o duplo caráter, a seguinte imagem ajuda: um mesmo objeto sendo observado através de dois pares de óculos diferentes. Cada um permite visualizar algo específico: um par de óculos mostra o caráter material do objeto, o outro, o caráter social.

ANOTAÇÕES:

QUAL É A NATUREZA DUPLA DO TRABALHO CONTIDO NAS MERCADORIAS?

Como esse ponto é o **centro** em torno do qual gira o entendimento da economia política, ele deve ser examinado mais de perto. (Livro I, p. 119)

Trabalho concreto útil
A atividade com um escopo, que cria valores de uso (por exemplo, o trabalho de um sapateiro, de um marceneiro, de um professor, de uma programadora de TI etc.).

▽▽▽

Trabalho humano abstrato
Trabalho humano como tal, em abstração da atividade concreta.

Na troca, o trabalho concreto deve ser reconhecido como trabalho abstrato – isto é, trabalho como tal. De outra maneira, não é formador de valor e, portanto, é inútil (no sentido capitalista).

Marx não fala do duplo caráter do trabalho, mas do duplo caráter do trabalho *representado na mercadoria*. Pode-se tomá-lo em analogia aos dois fatores da mercadoria – assim como a mercadoria, também o trabalho tem um duplo caráter no capitalismo. Tal como a "natureza dupla" da mercadoria, essa é uma distinção puramente analítica, que considera o *mesmo* ato de trabalho a partir de dois lados: sob seu aspecto material, perceptível por meio dos sentidos, e sob o aspecto de sua forma social. Nos dois quadros a seguir, ambos os aspectos desse trabalho são explicados em detalhes. Na citação, o uso da expressão "centro em torno do qual gira" mostra quão importante era essa distinção para Marx. Sua importância também se revela nos capítulos seguintes. Marx introduziu essa distinção e, assim, distinguiu-se fundamentalmente da economia política clássica.

O DUPLO CARÁTER DO TRABALHO REPRESENTADO NAS MERCADORIAS
QUADRO 2 (DE 7)

NÍVEL DA EXPOSIÇÃO
Circulação simples de mercadorias

DICA
Em face das dificuldades envolvidas na visualização, os serviços estão ausentes aqui. Contudo, em vez das mesas, as corridas de táxi também poderiam servir de exemplo.

ANOTAÇÕES:

TRABALHO CONCRETO ÚTIL

Divisão social do trabalho

> O trabalho, cuja utilidade se representa, assim, no valor de uso de seu produto, ou no fato de que seu produto é um valor de uso, chamaremos aqui, resumidamente, de **trabalho útil**. (Livro I, p. 119)

> Como criador de valores de uso, como trabalho útil, o trabalho é, assim, uma condição de existência do homem, **independente de todas as formas sociais**, eterna necessidade natural de mediação do metabolismo entre homem e natureza e, portanto, da vida humana. (Livro I, p. 120)

Duplo caráter do trabalho produtor de mercadorias: 1. Nível *material*: as setas que alinham os diversos produtos com um ponto comum de referência pretendem demonstrar que, em qualquer sociedade, é necessário que as pessoas atuem conjuntamente, isto é, que aloquem o trabalho necessário e subsequentemente organizem a distribuição dos valores de uso produzidos. Essa não é uma questão específica ao capitalismo, assim como o trabalho concreto útil não é específico ao capitalismo. A segunda citação enfatiza isso.

49

O DUPLO CARÁTER DO TRABALHO REPRESENTADO NAS MERCADORIAS

QUADRO 3 (DE 7)

NÍVEL DA EXPOSIÇÃO
Circulação simples de mercadorias

ANOTAÇÕES:

TRABALHO HUMANO ABSTRATO

➤ Designa a "redução ao trabalho humano indiferenciado" ao trabalho enquanto tal.

➤ Trabalho considerado "dispêndio de força de trabalho humana, que não leva em conta a forma desse dispêndio", isto é, a maneira pela qual essa força é despendida.

➤ Pura determinação social.

➤ Característica específica da produção capitalista de mercadorias.

➤ Distinto da expressão específica da atividade concreta (carpintaria, alfaiataria, direção de um táxi, filosofia etc.) ou de seu caráter (prazeroso, chato, diferente, intelectual, simples ou complexo).

Apenas como trabalho abstrato é a substância do valor.

Mas como é determinada a quantidade do valor formado?

? ? ? ? ? ? ? ? ? ? ? ? ? ?

Duplo caráter do trabalho produtor de mercadorias: 2. Nível da *forma*: este quadro introduz uma das mais difíceis categorias d'*O capital*. A experiência mostra que é usualmente difícil pensar no trabalho abstrato. Ao longo deste conjunto de quadros, é possível que tanto o entendimento quanto a confusão aumentem. Com frequência, surge a questão de o trabalho abstrato ser algo que existe em todas as sociedades, uma vez que, para a sobrevivência da espécie, o "trabalho humano em geral" deve ser executado em todo lugar. O trabalho abstrato é uma redução, consumada na troca, a igual trabalho humano, a "trabalho humano em geral", dos trabalhos concretos que se confrontam um com o outro. A determinação *social* do trabalho abstrato, o que há de especificamente capitalista nessa categoria, torna-se clara ao longo da leitura do livro.

A substância formadora de valor

É apenas na troca que se revela de que modo o trabalho concreto individual é reconhecido como trabalho humano abstrato.

Uma vez que atos de trabalho diferentes – na medida em que formam valor – são tidos por qualitativamente iguais, eles podem ser quantitativamente comparáveis. A grandeza do valor de uma mercadoria depende de quanto trabalho equalizado esteja contido nela.

Na troca (isto é, no ato de equalização), ocorrem três reduções:

O dispêndio de trabalho individualmente distinto é reduzido ao **trabalho socialmente necessário médio** (tecnologia, destreza, ciência, força produtiva do trabalho).

O trabalho **complexo** é reduzido ao trabalho **simples** (com o primeiro sendo múltiplo do segundo), dependendo das convenções sociais, das relações de poder, da hierarquia de gênero etc.

O trabalho despendido **privadamente** é reduzido ao trabalho **socialmente demandado** ("valor de uso para os outros": a demanda social deve estar presente).

 Apenas o trabalho concreto pode ser medido com um cronômetro

O duplo caráter do trabalho representado nas mercadorias
Quadro 4 (de 7)

Nível da exposição
Circulação simples de mercadorias

Dica
Este quadro tem bastante texto. Portanto, deve ser apresentado vagarosamente, ponto a ponto. Segundo nossa experiência, é necessária muita discussão sobre os atos de redução.

Anotações:

Essas três reduções estão indicadas no texto de Marx, embora não sejam apresentadas de forma sistemática. Este quadro, portanto, destoa um pouco da estrutura dos outros, uma vez que não adere estritamente ao texto original. Marx também não fala da demanda, mas sim do "valor de uso para outrem" (Livro I, p. 119). De acordo com nossa experiência, essa sistematização torna compreensível o processo de redução na troca. Faz também sentido ressaltar que a redução das diversas atividades concretas a algo comum não ocorre na consciência dos atores. Eles agem sem saber por que o fazem. Depois, assim que os participantes veem o cronômetro, as perguntas aflitas começam a se acumular: "Como?". Certamente, a média social pode ser calculada, a mensuração ensejaria uma contagem horária do trabalho abstrato etc. Os quadros seguintes tentam aprofundar essa difícil determinação do trabalho abstrato.

O DUPLO CARÁTER DO TRABALHO REPRESENTADO NAS MERCADORIAS

QUADRO 5 (DE 7)

NÍVEL DA EXPOSIÇÃO
Circulação simples de mercadorias

DICA
Não demore neste quadro. O próximo tem todas as informações relevantes e esclarece as questões que já podem surgir aqui.

ANOTAÇÕES:

COMO FUNCIONA ESTA REDUÇÃO?

> As diferentes proporções em que os diferentes tipos de trabalho são reduzidos ao trabalho simples como sua unidade de medida são determinadas por meio de um processo social que ocorre pelas costas dos produtores e lhes parecem, assim, ter sido legadas pela tradição. (Livro I, p. 122)

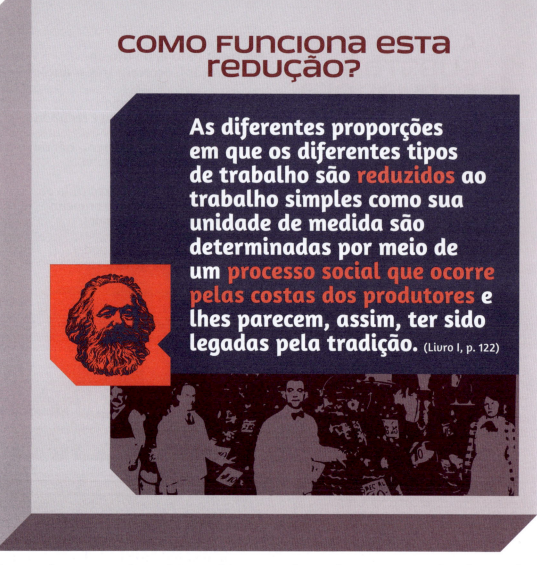

O mercado representado aqui é uma feira semanal completamente normal. A foto ajuda a simbolizar o processo das reduções: ela representa a troca de equivalentes, mercadoria por mercadoria. Mas não se confunda pela ilustração concreta: Marx ainda não introduziu o dinheiro, e os proprietários de mercadorias não entraram em cena. A citação de Marx refere-se apenas à segunda das três reduções mencionadas, mas ressalta uma curiosidade comum a todas as reduções: o reconhecimento do trabalho concreto como trabalho abstrato, formador de valor no mercado, passa despercebido aos produtores. A citação, por isso, frequentemente levanta a questão de como ocorre a redução de inumeráveis atos de trabalho a uma medida particular. Sobre isso, veja o quadro seguinte.

O DUPLO CARÁTER DO TRABALHO REPRESENTADO NAS MERCADORIAS

QUADRO 6 (DE 7)

NÍVEL DA EXPOSIÇÃO
Circulação simples de mercadorias

DICA

Não entre em pânico! Este quadro é visualmente carregado apenas à primeira vista. Planeje tempo suficiente (pelo menos quinze minutos).

Na apresentação do PowerPoint, os elementos surgem um após o outro. Isso ajuda a ter a visão geral.

Cada elemento exige sua própria explanação: é melhor caminhar por meio deles primeiro e se acostumar à sequência.

Esta imagem representa um processo ou uma relação social cuja apresentação visual é difícil, precisamente porque não é visível nem calculável, tampouco ocorre de forma consciente – assim como se dá com o valor, o trabalho abstrato não é algo a ser percebido pelos sentidos, mas uma categoria que expressa algo social. Este quadro pretende ser uma forma expositiva capaz de explicar com clareza a redução do trabalho concreto ao trabalho abstrato. A imagem apresenta em momentos individuais algo que deve ser captado como um todo. É importante observar que as reduções não ocorrem uma após a outra, como a imagem sugere, mas simultaneamente. E os números nos círculos não são horas individualmente mensuráveis, nem mesmo horas fixadas antes das trocas (é por isso que a palavra "hora" é apenas acrescida no caso do dispêndio de trabalho concreto), mas ilustram a relação da validação social que se torna manifesta na troca: 5 horas *valem* 4 horas.

ANOTAÇÕES:

O DUPLO CARÁTER DO TRABALHO REPRESENTADO NAS MERCADORIAS

QUADRO 7 (DE 7)

NÍVEL DA EXPOSIÇÃO
Circulação simples de mercadorias

ANOTAÇÕES:

MAL-ENTENDIDOS EM MARX

> Todo trabalho é, por um lado, dispêndio de força humana de trabalho **em sentido fisiológico**, e graças a essa sua propriedade de trabalho humano igual ou abstrato ele gera o **valor das mercadorias**. Por outro lado, todo trabalho é dispêndio de força humana de trabalho numa forma específica, determinada à realização de um fim, e, nessa qualidade de trabalho concreto e útil, ele produz valores de uso. (Livro I, p. 124)

Todo trabalho é, em algum sentido, dispêndio fisiológico.

Mas isso ainda não diz nada sobre o caráter especificamente social do trabalho abstrato.

 Abstração no sentido de atributos **fisiológicos** comuns

≠ Abstração no sentido de uma **relação social de validação**

Para concluir este conjunto de quadros, segue outra citação de Marx da qual, com frequência, brota um mal-entendido: não seria o trabalho abstrato simplesmente um esforço físico e mental em geral, mensurável em termos de dispêndio de energia? Tal entendimento tem conduzido a interpretações em que o trabalho abstrato é compreendido no sentido de um tipo de trabalho particularmente homogêneo, monótono. O próprio Marx contesta essa leitura: em incontáveis passagens, ele deixa claro que não existe nada físico acerca do trabalho abstrato. O fato de que, com essa citação (e outras, como a referência ao "dispêndio produtivo de cérebro, músculos, nervos, mãos etc. humanos" – Livro I, p. 121), o próprio Marx deu margem a tais incompreensões mostra como foi difícil para ele manter consistência em termos do que realmente era novo em sua teoria do valor, em contraste com a economia política clássica. No decorrer da exposição (a partir do capítulo 2), não aparecerá mais esse elo confuso entre o dispêndio de força de trabalho e a categoria do trabalho abstrato.

De volta ao valor de troca

Marx tenta explicar **a gênese da forma-dinheiro**.

 Resolvendo o enigma do dinheiro: Por que tudo pode ser comprado com dinheiro?

Como Marx resolve esse enigma? Ele segue a expressão do valor, desde sua figura mais simples até sua forma-dinheiro.

A **relação de valor** entre duas mercadorias

> 20 braças de linho = 1 casaco

fornece a **expressão de valor** mais simples de uma mercadoria:

> 20 braças de linho valem 1 casaco

A forma de valor, ou o valor de troca
Quadro 1 (de 9)

Nível da exposição
Circulação simples de mercadorias

Dica 1
Uma vez que este item é denso, é aconselhável ter em mente a questão central de Marx, referente à gênese da forma-dinheiro.

Dica 2
Durante a apresentação dos quadros sobre a análise da forma de valor, as frases "20 braças de linho = 1 casaco" e "20 braças de linho valem 1 casaco" podem ser escritas na lousa, uma vez que serão citadas com frequência.

Anotações:

No primeiro item do capítulo 1, Marx começa com o valor de troca na condição de relação de troca entre duas mercadorias, a fim de seguir o rastro do valor. Agora, ele retorna ao valor de troca e toma a análise do valor por base. Cada uma dessas frases que servem de exemplo possui um foco analítico distinto: na relação do valor, a ênfase é sobre o terceiro elemento comum às duas mercadorias (o valor). Na expressão do valor, o valor da mercadoria é representado em outra mercadoria. A economia política clássica nunca levantou a questão sobre por que podemos comprar tudo com o dinheiro; antes, simplesmente assume isso como um dado da realidade.

A forma de valor, ou o valor de troca

QUADRO 2 (DE 9)

NÍVEL DA EXPOSIÇÃO
Circulação simples de mercadorias

DICA
Na transição da forma de valor simples, individual ou ocasional à forma de valor total ou desdobrada (ver quadro 7, p. 61), este quadro pode ser reaproveitado.

ANOTAÇÕES:

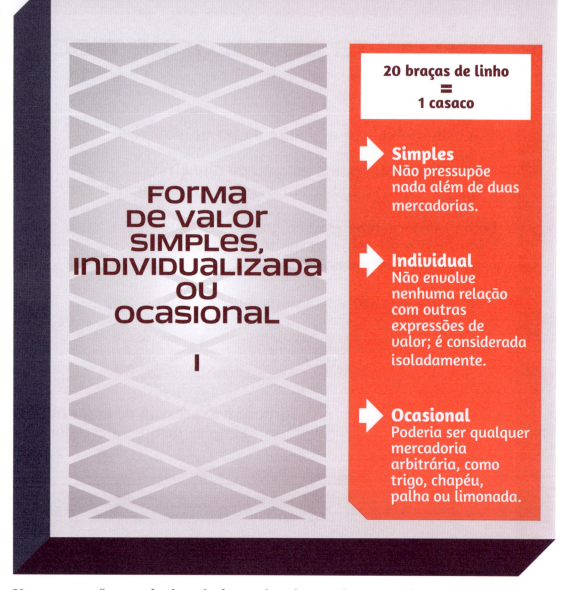

Uma vez que "o segredo de toda forma de valor reside em sua forma de valor simples" (Livro I, p. 125), Marx conduz a uma análise verdadeiramente detalhada da forma de valor simples, individual ou ocasional. É por isso que os três quadros a seguir são dedicados a isso. O debate que opõe a leitura histórica à leitura lógico-conceitual também surge com relação à análise da forma de valor. Enquanto alguns consideram o desenvolvimento das formas de valor uma emergência *histórica* da troca de mercadorias e do dinheiro, outros assumem que, com a análise da forma de valor, Marx realiza o exame do dinheiro *dentro* da sociedade capitalista.

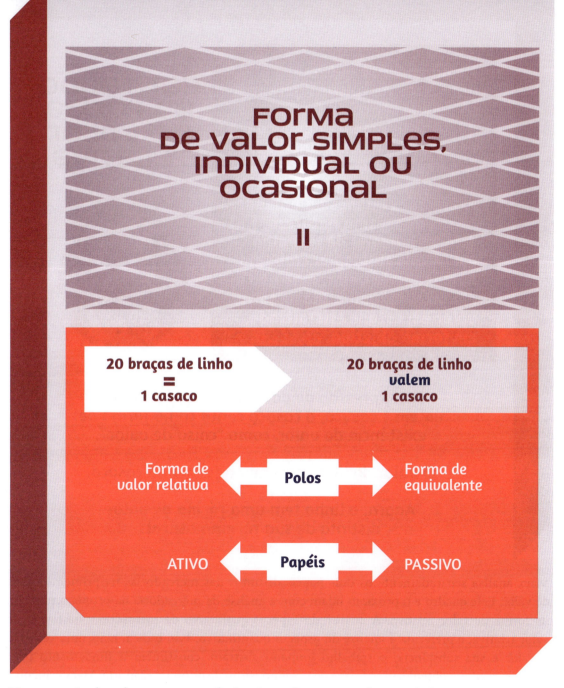

A forma de valor, ou o valor de troca
Quadro 3 (de 9)

Nível da exposição
Circulação simples de mercadorias

Dica
Às vezes, brincar de encenar ajuda a amenizar.

Linho: "Valho algo, mas não tenho nada nem ninguém que expresse meu valor. Querido casaco, por favor, expresse meu valor."

Casaco: "Está bem, está bem. Mas você sabe que eu não gosto disso, porque assim ninguém vai me querer como casaco, apenas como a estúpida expressão de seu valor."

Linho: "É muito gentil da sua parte! Finalmente encontrei algo e todo mundo poderá ver quanto valho: um casaco."

Anotações:

Na expressão do valor, uma mercadoria não pode estar nas duas posições ao mesmo tempo. Aqui, a questão é que o valor da mercadoria à *esquerda* é expresso na mercadoria ao lado *direito* da equação. Ambas as mercadorias desempenham papéis diferentes.

A forma de valor, ou o valor de troca

quadro 4 (de 9)

NÍVEL DA EXPOSIÇÃO
Circulação simples de mercadorias

DICA
Aqui, você pode se referir às passagens sobre o trabalho humano abstrato na primeira e na segunda seções do capítulo 1.

ANOTAÇÕES:

CONTEÚDO DA FORMA DE VALOR RELATIVA

> Negligencia-se que as grandezas de coisas diferentes só podem ser comparadas quantitativamente depois de reduzidas à mesma unidade. [...] Implica que linho e casaco, como grandezas de valor, sejam expressões da mesma unidade, coisas da mesma natureza. [...] A força humana de trabalho em estado fluido, ou trabalho humano, cria valor, mas não é, ela própria, valor. Ela se torna valor em estado cristalizado, em forma objetiva. (Livro I, p. 127-8)

Na expressão de valor **20 braças de linho valem 1 casaco**, o casaco conta como forma de existência do valor, como "coisa de valor".

O valor do linho assumiu a forma do casaco.

Agora, o linho tem uma **forma de valor** distinta de sua **forma natural**.

Marx analisa separadamente os dois papéis distintos das mercadorias na primeira forma de valor. Este quadro e o próximo lidam com a análise da mercadoria na primeira posição, na forma de valor relativa. A análise do aspecto qualitativo da mercadoria, na forma de valor relativa, é preferida à análise do aspecto quantitativo. Isso indica, mais uma vez, que o valor e sua substância, o trabalho humano abstrato, constituem o fundamento para que a mercadoria obtenha uma forma de valor no corpo de outra mercadoria. Marx criticou a economia política clássica por se preocupar apenas com o aspecto quantitativo, ignorando o qualitativo. A razão disso é que a economia política clássica nunca fez a distinção entre valor e forma de valor como sua encarnação necessária.

DETERMINAÇÃO QUANTITATIVA DA FORMA DE VALOR RELATIVA

A expressão do valor de uma mercadoria A muda quando:

▶ seu valor muda, mas o valor da mercadoria B não muda

▶ seu valor não muda, mas o valor da mercadoria B muda

▶ ambos os valores mudam, mas não na mesma medida nem na mesma direção

IMPORTANTE — Se o valor de ambas as mercadorias muda **na mesma medida** e **na mesma direção**, a expressão do valor *não muda*.

A FORMA DE VALOR, OU O VALOR DE TROCA

QUADRO 5 (DE 9)

NÍVEL DA EXPOSIÇÃO
Circulação simples de mercadorias

DICA 1
Neste ponto, a mente dos participantes pode entrar em parafuso. Para ilustrar, use os exemplos que Marx oferece nas páginas relativas a esse item (Livro I, p. 130-1).

DICA 2
Este quadro também pode ser aproveitado mais tarde no que se refere à diferença entre os desenvolvimentos do valor e do preço (ver "O dinheiro", quadros 2 e 3, p. 84-5).

ANOTAÇÕES:

A última frase ressalta que mudanças na grandeza de valor não se refletem necessariamente na expressão do valor. Mesmo se a expressão do valor permanecer a mesma, isso não significa que as grandezas do valor da mercadoria permaneçam inalteradas. A expressão do valor é sempre relativa, isto é, está vinculada a outras expressões de valor.

A forma de valor, ou o valor de troca

quadro 6 (de 9)

NÍVEL DA EXPOSIÇÃO
Circulação simples de mercadorias

DICA
Segundo nossa experiência, a discussão sobre as três peculiaridades da forma de equivalente toma muito tempo.

anotações:

Forma de equivalente

A forma de equivalente de uma mercadoria é igual à forma de sua permutabilidade direta com outra mercadoria: O casaco é diretamente permutável com o linho.

As três peculiaridades da forma equivalente:

 Um valor de uso torna-se forma de manifestação de seu oposto, isto é, o valor.

 O trabalho concreto torna-se forma de manifestação de seu oposto, isto é, o trabalho humano abstrato.

 O trabalho privado torna-se uma forma de seu oposto, isto é, o trabalho em uma forma imediatamente social.

O enigma da forma de equivalente: o casaco é uma incorporação do valor apenas em relação com o linho. Fora isso, ele é meramente um valor de uso.

As três peculiaridades da forma equivalente manifestam-se a partir da análise da forma de equivalente. As três peculiaridades devem ser discutidas extensivamente, pois são importantes para o entendimento das "relações invertidas" do capitalismo. Ver também os quadros "O fetichismo da mercadoria" (p. 64-77). O "aspecto enigmático" da forma de equivalente é a base do fetiche do dinheiro.

A forma de valor, ou o valor de troca
quadro 7 (de 9)

NÍVEL DA EXPOSIÇÃO
Circulação simples de mercadorias

DICA
O sentido com que Marx fala das "deficiências" da forma de valor é mais bem captado ao final de toda a análise da forma de valor, levando em conta a problemática colocada no início (ver quadro 1, p. 55).

ANOTAÇÕES:

Das limitadas propriedades da primeira forma de valor – forma simples, individual ou ocasional (ver quadro 2, p. 56) – surge a necessidade de um desenvolvimento lógico--conceitual de uma forma de valor adicional, que transcenda as "insuficiências" da primeira forma (sobre as insuficiências, ver Livro I, p. 136-7). A forma de valor total ou desdobrada desempenha essa função. Na forma simples de valor, o valor de 20 braças de linho é expresso no casaco. O casaco foi escolhido por acaso; o valor de 20 braças de linho pode também ser expresso em chá, trigo, ferro etc. A lista infinita de formas simples de valor de 20 braças de linho leva à forma total ou desdobrada do valor. Temos uma sequência infinita de expressões simples de valor, mas não a expressão *universal* do valor.

A forma de valor, ou o valor de troca

quadro 8 (de 9)

NÍVEL DA EXPOSIÇÃO
Circulação simples de mercadorias

DICA
Aqui, é importante fazer referência à transição da forma total à forma de valor universal, como Marx descreve n'*O capital* (Livro I, p. 140-3).

ANOTAÇÕES:

Cada equação pode ser revertida. Assim, a forma de valor universal é obtida a partir da forma total ou desdobrada do valor. Todas as mercadorias têm uma forma de valor distinta das próprias formas naturais, o que significa que o valor de todas as mercadorias tem uma forma independente. Pela primeira vez, agora que todas as mercadorias estão em relação umas com as outras (ver infográfico nesta página), pode-se falar verdadeiramente de mercadorias. A imagem ilustra isto: já que todas as mercadorias se relacionam ao equivalente universal mediador (indicado pelas setas), elas podem se relacionar umas com as outras tanto quantitativa quanto qualitativamente como mercadorias (como mostrado pelas linhas). Agora fica mais fácil passar da forma de valor universal à...

A forma de valor, ou o valor de troca
Quadro 9 (de 9)

Nível da exposição
Circulação simples de mercadorias

Dica
Com frequência, aqui e nos dois próximos capítulos, surgem muitas indagações sobre a mercadoria-dinheiro.

Anotações:

Na transição da forma de valor universal para a forma-dinheiro, em contraste com outras transições, não lidamos com um desenvolvimento adicional da forma de valor. O ouro torna-se a mercadoria que exerce a função de equivalente "por meio do hábito social" (Livro I, p. 145). Em sua análise da forma de valor, Marx indica que a forma-dinheiro é assumida por uma mercadoria que – como todas as demais mercadorias – tem tanto valor de uso como valor. Hoje, o dinheiro não está mais vinculado a uma mercadoria-dinheiro. Há um debate a respeito: a análise do dinheiro de Marx foi superada ou ainda conserva sua validade, já que não importa se o dinheiro, em si, é ou não uma mercadoria?

O FETICHISMO DA MERCADORIA

QUADRO 1 (DE 14)

NÍVEL DA EXPOSIÇÃO
Circulação simples de mercadorias

DICA
Antes de apresentar este quadro, sugerimos compilar em grupo associações e exemplos do termo "fetiche", inicialmente sem limitações, no intuito de discutir as noções comuns referentes ao termo na linguagem cotidiana.

ANOTAÇÕES:

O que Marx quer dizer com fetiche não tem nada a ver com o significado cotidiano do termo hoje. As três figuras são símbolos das concepções cotidianas: fetiche sexual, fetiche da marca ou o impulso de adquirir produtos supérfluos ou da moda. Tal como para outros conceitos d'*O capital*, é importante perguntar como Marx usa esse. O item sobre o fetiche é bem conhecido e suscita muito interesse. Por outro lado, existem diversas noções imprecisas sobre o que exatamente Marx quis dizer com "fetiche" e por que esse termo é tão importante à crítica da economia política. Por essa razão, devem-se esclarecer os possíveis equívocos e distinguir o conceito de categorias como "inversão" ou "mistificação".

A mesa como valor de uso e como mercadoria

Como **valor de uso**, a mesa é simplesmente uma mesa; como objeto material, pode ser usada de várias formas (para comer, para estudar, para escrever etc.).

Como **mercadoria**, a mesa torna-se "misteriosa".

Tão logo aparece como **mercadoria**, ela se transforma numa coisa sensível-suprassensível. Ela não só se mantém com os pés no chão, mas põe-se de cabeça para baixo diante de todas as outras mercadorias, e em sua cabeça de madeira nascem minhocas que nos assombram muito mais do que se ela começasse a dançar por vontade própria. (Livro I, p. 146)

O fetichismo da mercadoria
Quadro 2 (de 14)

Nível da exposição
Circulação simples de mercadorias

Dica
As primeiras poucas páginas do item sobre fetiche são densas. Vale a pena ler as passagens em voz alta (para saber quando e em quais seções fazer isso, ver quadros a seguir).

Anotações:

As mercadorias podem não parecer misteriosas a nossa percepção cotidiana. É apenas a partir da análise de Marx que se revela que nelas há algo de suspense. É certo que nenhuma mesa fica de cabeça para baixo. Mas a intenção de Marx é desafiar as relações aparentemente óbvias, assumidas como naturais. O "sensível-suprassensível" da mercadoria é o fato de que, de um lado, ela é uma coisa (ou um serviço) perceptível aos sentidos, com utilidade e composição concreta e material, mas, de outro, tem propriedades imperceptíveis aos sentidos ("suprassensíveis"): possui valor, com o qual se iguala, nas trocas, a outras mercadorias. Essa última propriedade indica uma forma muito específica que os produtos assumem no capitalismo (ver próximo quadro).

O FETICHISMO DA MERCADORIA

QUADRO 3 (DE 14)

NÍVEL DA EXPOSIÇÃO
Circulação simples de mercadorias

DICA
A sugestão é ler a p. 147 do Livro I em voz alta.

ANOTAÇÕES:

O enigma da forma-mercadoria

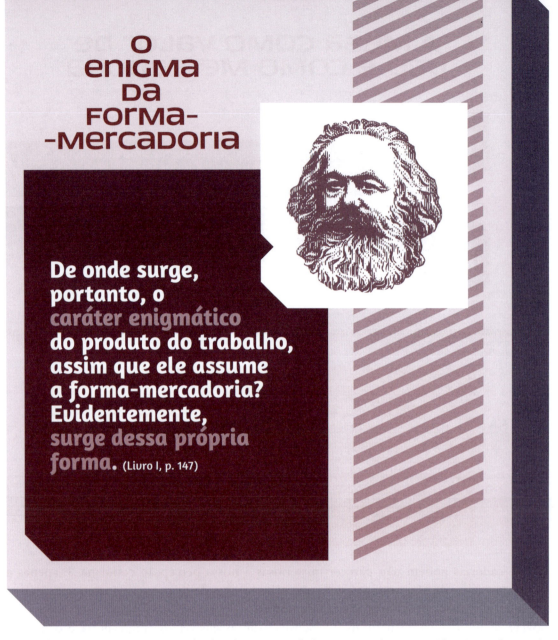

> De onde surge, portanto, o caráter enigmático do produto do trabalho, assim que ele assume a forma-mercadoria? Evidentemente, surge dessa própria forma. (Livro I, p. 147)

Marx deseja rastrear as causas do fetichismo e o define como algo específico à produção de mercadorias. Obviamente tem algo a ver com o modo particular dessa forma de socialização: a primeira resposta que ele dá, "evidentemente [...] dessa própria forma", oferece uma oportunidade para, mais uma vez, adquirir clareza sobre o que significa o fato de um produto assumir a "forma-mercadoria".

O FETICHISMO DA MERCADORIA
Quadro 4 (de 14)

NÍVEL DA EXPOSIÇÃO
Circulação simples de mercadorias

DICA
O último parágrafo da p. 147 do Livro I pode ser discutido amplamente, frase a frase.

ANOTAÇÕES:

Com frequência, surge a questão sobre o que Marx quis dizer com "propriedades sociais que são naturais". "Sociais" (criadas pelos homens) e "naturais" (independente da atividade dos homens) constituem, aqui, um par de opostos que Marx une conceitualmente. Isto é, sob o capitalismo, "os caracteres sociais do trabalho" dos homens (caracteres que são criados pelos homens) apresentam-se como naturais. O valor e o trabalho humano abstrato são algo social, mas aparecem como algo natural – no sentido de sempre terem existido dessa forma – ou necessário. (Para um melhor entendimento, ver quadros a seguir.)

O FETICHISMO DA MERCADORIA

QUADRO 5 (DE 14)

NÍVEL DA EXPOSIÇÃO
Circulação simples de mercadorias

ANOTAÇÕES:

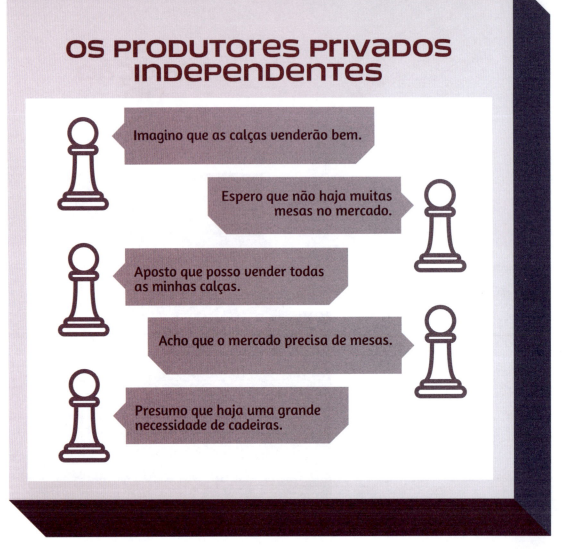

Este quadro ilustra a maneira como a produção é organizada no capitalismo: "Produtores privados que trabalham independentemente uns dos outros" tomam decisões individuais sem se consultar. Assim, eles podem apenas supor o que e quanto os produtores fabricarão e quanta demanda há no mercado. Tentam fazer essas previsões da maneira mais certeira possível (pesquisa de mercado), mas apenas na troca saberão se continuam na competição com os demais e se foram capazes de vender com sucesso seus produtos (isto é, a grandeza do valor considerada). Não há uma organização comum nem uma coordenação da produção de acordo com necessidades determinadas *antecipadamente*. Assim, um elemento especulativo pertence estruturalmente ao modo de produção capitalista, daí as formulações "imagino", "espero", "aposto", "acho", "presumo".

O TRABALHO TOTAL DA SOCIEDADE

Os produtores privados *A, B, C, D* e *E* produzem os produtos *a, b, c, d* e *e*, que se destinam a ser trocados no mercado como mercadorias.

Troca no mercado

A

a

E

e

B

b

Trabalho social total

d e *e* não são trocados. O trabalho neles despendido não é parte do trabalho social total.

a, b e *c* são trocados. O trabalho neles despendido torna-se parte do trabalho social total e tem o caráter de trabalho abstrato.

d

D

c

C

O FETICHISMO DA MERCADORIA

QUADRO 6 (DE 14)

NÍVEL DA EXPOSIÇÃO
Circulação simples de mercadorias

ANOTAÇÕES:

Em parte, este quadro recapitula um material já mencionado. Mas a expressão "trabalho social total" é usada pela primeira vez no item sobre fetichismo. No capitalismo, o trabalho não é diretamente social, e somente no mercado os produtores saberão se o trabalho individual despendido será reconhecido pela sociedade. Apenas o trabalho daqueles produtores que realmente vendem suas mercadorias torna-se parte do trabalho social total.

O FETICHISMO DA MERCADORIA

QUADRO 7 (DE 14)

NÍVEL DA EXPOSIÇÃO
Circulação simples de mercadorias

DICA 1
Deixe este quadro causar uma impressão visual antes de explicá-lo.

DICA 2
Você pode ler esta passagem em voz alta, até o fim da p. 148 (Livro I).

ANOTAÇÕES:

RELAÇÕES SOCIAIS ENTRE COISAS, RELAÇÕES REIFICADAS ENTRE PESSOAS

Este quadro ilustra o seguinte: uma vez que, no capitalismo, as pessoas entram em contato social umas com as outras apenas por meio das mercadorias (mediadas pelo dinheiro, como mostrado adiante), as mercadorias são colocadas no primeiro plano da ilustração; suas "relações sociais" (o fato de que se relacionam umas às outras, como valores, e de que se trocam umas com as outras, como se por própria conta) são simbolizadas pelas linhas entre elas. Certamente, as mercadorias não podem agir por si mesmas; precisam das pessoas para levá-las ao mercado. Contudo, as relações entre essas pessoas não são *imediatas* e diretas, mas *mediadas* pelas mercadorias – por "coisas" (por isso, as linhas pontilhadas ao fundo). O fetichismo não é um engano: essas relações se apresentam aos proprietários de mercadorias tal como elas realmente são em virtude da organização da produção e distribuição, como "relações reificadas entre pessoas e relações sociais entre coisas" (Livro I, p. 148). O fetichismo não é, portanto, um problema de percepção; antes, deve sua existência às condições reais. Contudo, por causa do fetichismo, o indivíduo perde de vista o fato de que essas condições são criação humana.

AÇÃO E CONSCIÊNCIA

> **Porque equiparam entre si seus produtos de diferentes tipos na troca, como valores, eles equiparam entre si seus diferentes trabalhos como trabalho humano. Eles não sabem disso, mas o fazem.** (Livro I, p. 149)

O FETICHISMO DA MERCADORIA
QUADRO 8 (DE 14)

NÍVEL DA EXPOSIÇÃO
Circulação simples de mercadorias

DICA
Esta citação é apenas um trecho de uma passagem mais longa (Livro I, p. 149), que também pode ser lida em voz alta.

ANOTAÇÕES:

A citação ressalta um aspecto central do fetichismo: independentemente do que as pessoas pensem, elas sempre agem como produtoras de mercadorias; as pessoas não se envolvem nas trocas por estarem conscientes do valor e do trabalho abstrato; pelo contrário, ao trocar, elas efetivam a relação entre a mercadoria e o valor (relação da qual não têm consciência). O fato de igualarem as diversas mercadorias umas às outras nas trocas e, assim, relacionarem-nas umas às outras como valores pode ser expressado pelo termo "abstração real" – não uma abstração no nível do pensamento, mas no comportamento real dos homens. Abstraem os valores de uso de suas mercadorias e trocam valores, não importando se estão ou não conscientes do que fazem.

O FETICHISMO DA MERCADORIA

QUADRO 9 (DE 14)

NÍVEL DA EXPOSIÇÃO
Circulação simples de mercadorias

ANOTAÇÕES:

Reificação: as relações sociais se manifestam como coisas. Da mesma maneira que uma cadeira é marrom, angular e feita de madeira, ela também possui valor. Naturalização: soa natural que os produtos assumam a forma-mercadoria e possuam valor, como se sempre tivesse sido assim. Parece que a cadeira sempre teve valor (expresso em dinheiro), uma vez que as coisas *devem*, de alguma forma, possuir certo valor e *sempre o tiveram*. Aquilo que apenas no intercâmbio social do capitalismo é a forma dominante se converte, mediante a naturalização, em uma constante trans-histórica. Embora a reificação tenha um fundamento objetivo – as coisas materiais, de fato, são portadoras de relações sociais –, a naturalização resulta de uma falsa concepção: a ideia de que a forma-mercadoria dos produtos e seu caráter como valores sejam naturais e trans-históricos. A equação "cadeira = dinheiro" não pretende simbolizar a ganância por dinheiro da parte do proprietário da mercadoria, mas a reificação e a naturalização que acompanham o fetiche. O próprio Marx não usa o termo "naturalização", e "reificação" aparece pela primeira vez no capítulo 3 (a palavra alemã usada por Marx nesse capítulo é *Versachlichung*)*.

* Por necessidade de tradução, na versão em português d'*O capital*, editada pela Boitempo, o adjetivo "reificado(a)" e o advérbio "reificadamente" já aparecem no item do primeiro capítulo dedicado ao "fetichismo da mercadoria". O tradutor brasileiro usou-os para os termos alemães "*dinglich*" (literalmente, "coisal", "que tem o caráter de coisa") e "*sachlich*", quando este último aparece com o mesmo sentido do primeiro. (N. R. T.)

O FETICHISMO DA MERCADORIA
Quadro 10 (de 14)

Nível da exposição: Circulação simples de mercadorias

Anotações:

EXEMPLOS DE NATURALIZAÇÃO

Aquilo que é apenas válido para esta forma particular de produção aparece "para aqueles que se encontram no interior das relações de produção das mercadorias" (Livro I, p. 149) como natural, trans-histórico e definitivo.

Em toda sociedade		Apenas na produção de mercadorias
Produto do trabalho	>	Mercadoria
Relações pessoais	>	Relações entre coisas
Trabalho concreto útil	>	Trabalho humano abstrato

O sinal > significa que um aspecto específico da produção de mercadorias parece ser válido para toda e qualquer formação social – e, portanto, natural e necessário. Por exemplo, produtos do trabalho humano (no sentido de atividade) existem em toda sociedade (ver "Os dois fatores da mercadoria", quadro 3, p. 35). As mercadorias, contudo, apenas existem na sociedade produtora de mercadorias. O fetichismo faz com que cada produto do trabalho seja naturalizado como mercadoria. Este quadro explicita o anterior e oferece exemplos diferentes de naturalização.

O FETICHISMO DA MERCADORIA

QUADRO 11 (DE 14)

NÍVEL DA EXPOSIÇÃO
Circulação simples de mercadorias

DICA
Neste contexto, deve-se enfocar o que significa a lei do valor e sua imposição violenta (formulada de modo bem condensado no Livro I, p. 149-50).

ANOTAÇÕES:

...COISAS QUE OS CONTROLAM...

Este quadro torna visível o seguinte: como os homens entram em contato entre si por meio das mercadorias, suas relações sociais se autonomizam sob a forma de mercadorias, apesar de serem os *próprios homens* que produzem essas relações sociais – daí a analogia às figuras divinas da religião, que são produto da mente humana, mas parecem ser independentes e onipotentes. Contudo, contrariamente à religião, o poder das mercadorias não é uma ilusão: as mercadorias produzidas são, de fato, de importância decisiva para a possibilidade de ser reconhecido como vendedor no mercado e de ser capaz de participar de uma sociedade de trocas de mercadorias. Que isso não seja mera ilusão é enfatizado por Marx pelo uso da expressão "formas de pensamento socialmente válidas e, portanto, dotadas de objetividade" (Livro I, p. 151), que vale a pena discutir aqui.

ASSOCIAÇÃO DE HOMENS LIVRES

De que precisamos?

Organizemo-nos!

Quem pode e quem deseja fazer algo?

E quanto?

O FETICHISMO DA MERCADORIA

QUADRO 12 (DE 14)

NÍVEL DA EXPOSIÇÃO
Circulação simples de mercadorias

DICA
Aqui, pode-se chamar a atenção para "Os dois fatores da mercadoria", quadro 3, p. 35, a fim de ilustrar a diferença entre as duas formações sociais.

ANOTAÇÕES:

A "associação de homens livres" é ressaltada por Marx como uma das muitas formações sociais nas quais as relações não são fetichizadas. A socialização ocorre *antes* e *na* produção, é organizada em comum pelos produtores livremente associados e voltada para o atendimento das diversas necessidades dos homens (este quadro esclarece o processo). Tal como nas grandes famílias camponesas da Idade Média ou como Robinson Crusoé em sua ilha, não existem produtores privados independentes uns dos outros. As relações sociais são imediatas e transparentes. Surge sempre a questão, com relação à "associação de homens livres": seria essa a descrição marxiana de uma sociedade comunista? Contudo, o breve esboço dessa associação, bem como de outros vários modos de produção, serve apenas para distingui-la das relações fetichizadas do capitalismo.

O FETICHISMO DA MERCADORIA

QUADRO 13 (DE 14)

NÍVEL DA EXPOSIÇÃO
Circulação simples de mercadorias

DICA
Em cursos sobre *O capital*, com frequência as pessoas não discutem as notas de rodapé. Assim, aqui há pelo menos uma importante citação de uma delas.

ANOTAÇÕES:

CRÍTICA DA ECONOMIA POLÍTICA I

No que diz respeito ao valor em geral, em nenhum lugar a economia política clássica enuncia expressamente e com clareza a diferença entre o trabalho tal como ele se apresenta no valor e o mesmo trabalho tal como se apresenta no valor de uso de seu produto.

(Livro I, p. 154, nota 31)

A partir da p. 154, nas notas 31, 32 e 33, Marx se envolve em uma ampla crítica da economia política clássica, com seus mais importantes expoentes. Marx considera o duplo caráter do trabalho representado nas mercadorias como o "centro em torno do qual gira o entendimento da economia política" (Livro I, p. 119; ver também apresentação "O duplo caráter do trabalho representado nas mercadorias", quadro 1, p. 48), acusando a economia política clássica de não distinguir entre o trabalho concreto e o trabalho abstrato e, assim, de naturalizar o trabalho produtor de mercadorias. Em tal concepção, todo e qualquer trabalho seria trabalho produtor de mercadorias (sobre o conceito de naturalização, ver quadro 10, p. 73).

CRÍTICA DA ECONOMIA POLÍTICA II

O FETICHISMO DA MERCADORIA
QUADRO 14 (DE 14)

> É verdade que a economia política analisou, mesmo que incompletamente, o valor e a grandeza de valor e revelou o conteúdo que se esconde nessas formas. Mas ela jamais sequer colocou a seguinte questão: **por que esse conteúdo assume aquela forma [...]?** (Livro I, p. 154-5)

NÍVEL DA EXPOSIÇÃO
Circulação simples de mercadorias

DICA
Aqui, você pode discutir a maneira pela qual o próprio Marx responde à questão que propõe ("Por que esse conteúdo assume aquela forma?").

ANOTAÇÕES:

A citação, mais uma vez, levanta a questão referente à *forma*: a economia política clássica já havia descoberto o trabalho como o conteúdo do valor (como na teoria do valor trabalho de Adam Smith e David Ricardo), mas não levantou a questão referente à *forma* que o trabalho assume sob as condições da produção de mercadorias (esse foco é o que distingue a análise de Marx). Uma vez que os economistas clássicos não analisam a forma de valor e de sua substância, isto é, a forma do trabalho, eles também não podiam considerar as peculiaridades da produção de mercadorias. Portanto, consideravam-nas naturais, e não dotadas de uma especificidade que, a cada caso, é dada pela história (naturalização). Contudo, o que é histórico pode também ser transformado ou até mesmo superado. Em contraste, o que é considerado natural assim permanece – eternamente. De acordo com Marx, não é apenas a consciência cotidiana, mas também a ciência burguesa, que está subordinada ao fetiche.

O processo de troca

QUADRO 1 (DE 5)

NÍVEL DA EXPOSIÇÃO
Circulação simples de mercadorias

DICA
Este conjunto de quadros também pode ser usado para um pequeno jogo. Imprima os quadros desta seção, embaralhe as cópias, divida os participantes em pequenos grupos e deixe-os organizar o material em sequência. Então, realize uma discussão referente às diversas soluções propostas. O quadro 5 não precisa estar na posição que ocupa aqui, mas todos os demais devem. Divirtam-se!

ANOTAÇÕES:

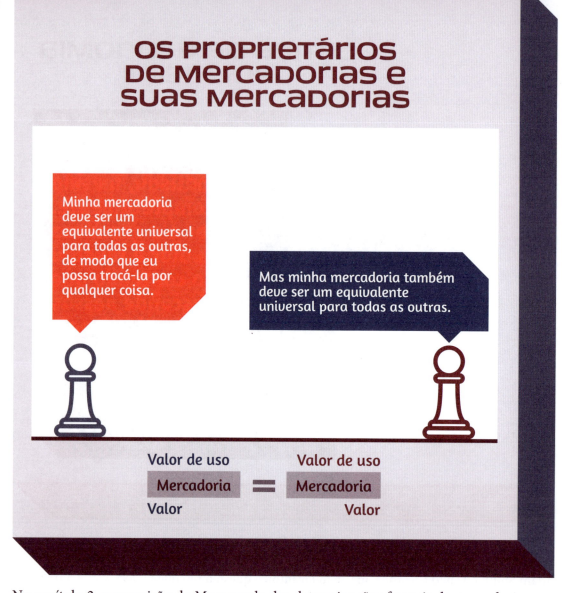

No capítulo 2, a exposição de Marx muda das determinações formais da mercadoria para as ações dos proprietários de mercadorias (proprietários de mercadorias como "máscaras econômicas" – Livro I, p. 160). No capítulo 1, Marx analisa a forma-dinheiro a partir da relação de troca (M-M, sem proprietários). Agora, o tópico é a constituição do dinheiro no processo da troca (M-M, com os proprietários de mercadorias). Cada proprietário de mercadoria deseja que sua mercadoria seja o equivalente universal, isto é, que possa ser trocada por qualquer outra. A solução dessa contradição é o dinheiro, como mostram os quadros seguintes.

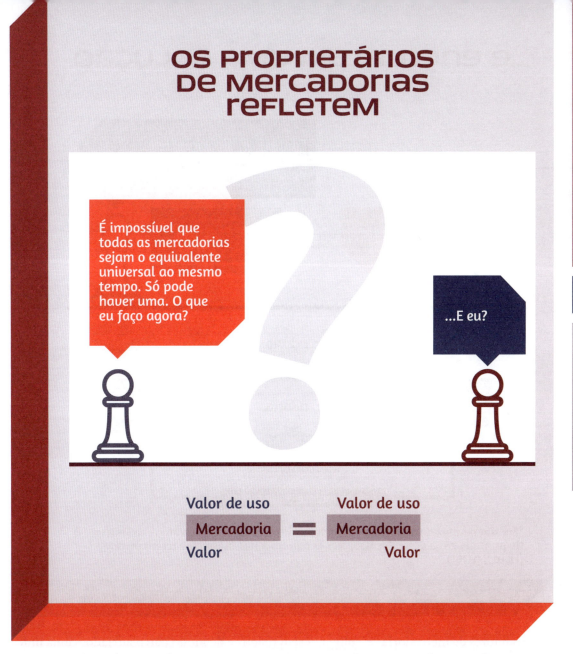

O processo de troca
Quadro 2 (de 5)

Nível da exposição
Circulação simples de mercadorias

Dica
ATENÇÃO! Os balões de diálogo (particularmente nos quadros 3 e 4) sugerem que os proprietários de mercadoria estão conscientes do que o dinheiro é, mas na realidade não estão. Pretende-se que os balões ilustrem um processo que realmente ocorre, mas que não se reconhece como tal e apenas pode ser identificado por meio da análise.

Anotações:

Os proprietários de mercadoria têm uma suspeita: nem todas as mercadorias podem assumir o papel de equivalente universal *ao mesmo tempo*. A partir da análise da forma de valor, sabemos que as mercadorias podem apenas se relacionar umas com as outras por meio da forma de valor universal. Sem um equivalente universal, não existiriam mercadorias, apenas valores de uso. O processo de trocas parece impossível...

O processo de troca

Quadro 3 (de 5)

Nível da exposição
Circulação simples de mercadorias

Anotações:

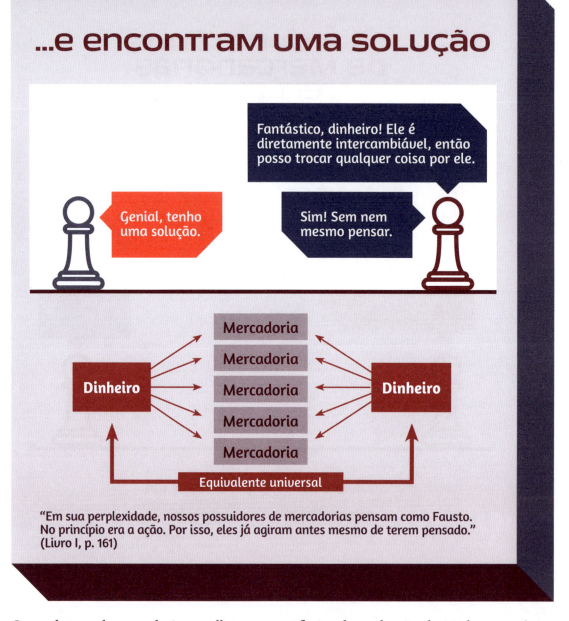

Os produtores de mercadorias escolhem – sem refletir e de modo não planejado – uma única mercadoria com a qual lidar. A mercadoria selecionada assume a função de dinheiro. Trata-se aqui de um ato *social*. Com o objetivo de enfatizar seu caráter como ato, Marx cita o *Fausto* de Goethe: "No princípio era a ação" (Livro I, p. 161). Contudo, esse início não tem sentido temporal, mas um sentido lógico. O dinheiro é resultado de um processo já consumado pelos proprietários de mercadorias, sem que tivessem sequer consciência dele.

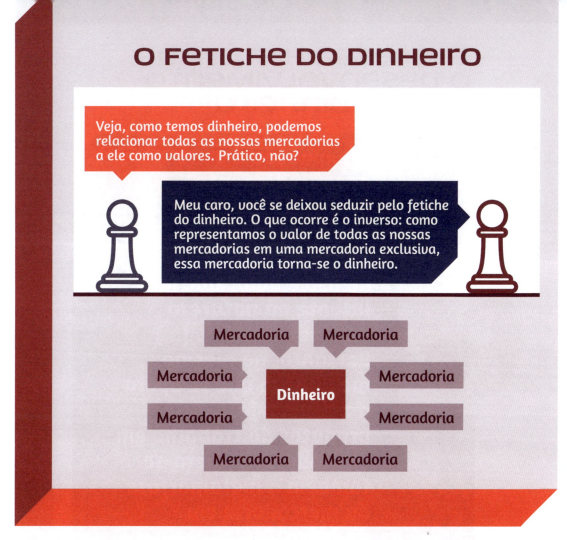

O processo de troca
Quadro 4 (de 5)

Nível da exposição
Circulação simples de mercadorias

Anotações:

O fetiche do dinheiro (Livro I, p. 163 e seg.) é um desenvolvimento adicional do fetiche da mercadoria, em virtude do qual a relação entre mercadoria e dinheiro aparece "de maneira invertida" aos proprietários de mercadorias: parece que as mercadorias expressam seu valor em dinheiro porque algo, aparentemente em virtude de sua natureza, é dinheiro. Mas é exatamente o oposto: *porque* todas as mercadorias expressam seu valor em uma mercadoria particular, essa mercadoria torna-se dinheiro. "O movimento mediador [pelo qual as mercadorias exprimem seu valor em uma mercadoria particular – acréscimo dos autores] desaparece em seu próprio resultado e não deixa qualquer rastro" (esse é o fetiche do dinheiro – Livro I, p. 167). O que as pessoas fazem não tem de ser compreensível a elas: o fato de usarem dinheiro diariamente em qualquer lugar não significa necessariamente que saibam o que é o dinheiro.

O processo de troca

quadro 5 (de 5)

NÍVEL DA EXPOSIÇÃO
Circulação simples de mercadorias

DICA
Neste ponto, você pode suscitar a relação entre a história e o nível lógico-conceitual n'*O capital* (ver "A assim chamada acumulação primitiva", quadro 1, texto inferior, p. 139).

ANOTAÇÕES:

PROCESSO HISTÓRICO: O DESENVOLVIMENTO DO DINHEIRO

> A expansão e o aprofundamento históricos da troca desenvolvem a oposição entre valor de uso e valor que jaz latente na natureza das mercadorias. [...] Portanto, na mesma medida em que se opera a metamorfose dos produtos do trabalho em mercadorias, opera-se também a metamorfose da mercadoria em dinheiro. (Livro I, p. 161-2)

Esta citação se refere ao processo histórico ao longo do qual o dinheiro se desenvolveu até se tornar o equivalente universal. A constituição histórica do dinheiro é pela primeira vez esboçada, de modo bem geral, após a análise da forma (capítulo 1) e da atividade de troca (capítulo 2, até p. 161). Embora sejam dois níveis distintos, a história e a análise estão interligadas reciprocamente: no curso da expansão histórica das trocas de mercadorias, enrijece-se a separação categorial (entre valor de uso e valor). N'*O capital*, a história não serve de base à análise. O inverso é verdadeiro: a análise da sociedade capitalista oferece a chave para o entendimento das formações sociais que precederam o capitalismo.

MEDIDA DOS VALORES

Por meio do dinheiro como **medida dos valores**, o valor das mercadorias é:

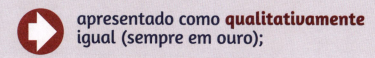 apresentado como **qualitativamente** igual (sempre em ouro);

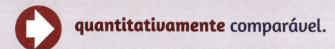 **quantitativamente** comparável.

Mas

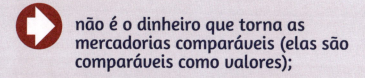 não é o dinheiro que torna as mercadorias comparáveis (elas são comparáveis como valores);

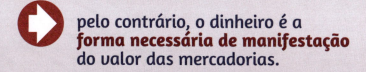 pelo contrário, o dinheiro é a **forma necessária de manifestação** do valor das mercadorias.

O DINHEIRO
Quadro 1 (de 14)

NÍVEL DA EXPOSIÇÃO
Circulação simples de mercadorias

ANOTAÇÕES:

Após analisar a forma-dinheiro (capítulo 1) e o dinheiro (capítulo 2), Marx refere-se aqui, pela primeira vez, à circulação das mercadorias. É sobre esse fundamento analítico que ele examina as funções do dinheiro. Em contraste com esse procedimento, outras teorias sobre o dinheiro começam por meramente listar as funções do dinheiro. É comum que a pressuposição de Marx acerca da mercadoria-dinheiro suscite muitas dúvidas (ver "A forma de valor, ou o valor de troca", quadro 9, texto inferior, p. 63). A análise do dinheiro não está concluída com o capítulo 3 do Livro I, mas continua até o Livro III d'*O capital*. Por isso, aqui muitas das indagações ainda não podem ser satisfatoriamente respondidas.

O DINHEIRO

QUADRO 2 (DE 14)

NÍVEL DA EXPOSIÇÃO
Circulação simples de mercadorias

DICA 1
Embora a forma do preço apareça pela primeira vez ao fim da análise das formas do valor (Livro I, p. 145-6), ali ela não é bem detalhada.

DICA 2
Segundo nossa experiência, normalmente leva tempo até que seja compreendida a função "medida dos preços".

ANOTAÇÕES:

A FORMA DO PREÇO E A MEDIDA DOS PREÇOS

A forma do preço
O valor das mercadorias é idealmente expresso na mercadoria-dinheiro. O dinheiro real não é necessário. Uma etiqueta de preço é suficiente para comunicar os preços.

A medida dos preços
Certo peso em ouro, que serve como unidade de medida para a quantidade de ouro, por exemplo, 1 onça.

As funções "medida de valores" e "medida de preços" são fundamentalmente distintas: o ouro é uma medida dos valores, pois representa uma quantidade específica de trabalho abstrato. É a medida dos preços como quantidade física e exige uma medida física, por exemplo 1 onça. Como medida de preços, a unidade de medida deve estar fixada (por exemplo, 1 onça ou 1 kg). Como medida de valores, o valor do ouro pode variar: 1 onça ou 1 kg de ouro podem representar quantidades diferentes de trabalho abstrato.

A FORMA DO PREÇO E A MEDIDA DOS PREÇOS

> O preço é a denominação monetária do trabalho objetivado na mercadoria.
> (Livro I, p. 176)

Contudo, preço e valor não são a mesma coisa!

Valor
Expressa a relação entre o tempo de trabalho individualmente despendido e o trabalho social total.

Preço
Expressa a relação de troca entre uma mercadoria e a mercadoria-dinheiro.

O DINHEIRO
QUADRO 3 (DE 14)

NÍVEL DA EXPOSIÇÃO
Circulação simples de mercadorias

ANOTAÇÕES:

O preço nem sempre indica corretamente a grandeza do valor da mercadoria; ele também pode diferir do valor. Marx menciona a possibilidade de tal desvio nessa passagem, mas não a explica. A diferença entre o valor e o preço e a relação de um com o outro, bem como o preço de produtos que não provêm do trabalho – como a água, o solo virgem ou as ações –, são tratadas no Livro III d'*O capital*.

O DINHEIRO

quadro 4 (de 14)

NÍVEL DA EXPOSIÇÃO
Circulação simples de mercadorias

anotações:

COMPLICAÇÕES NA METAMORFOSE DAS MERCADORIAS

M-D
Transformação da mercadoria em dinheiro: **venda**

D-M
Transformação do dinheiro em mercadoria: **compra**

M-D-M = **processo de troca**

Aqui, o exemplo da p. 179 (Livro I) é apresentado visualmente (com diferentes produtos): a pessoa *A* (figura acima, à esquerda) troca calças por garrafas (M-M) por meio de dinheiro (D). O conteúdo material do movimento é a mudança de mãos dos produtos (calças e garrafas). A forma social é a troca de mercadorias. O pressuposto da troca é que a pessoa *A* produza as calças, mas não necessite de nenhuma. A pessoa *B* (figura acima, à direita) necessita das calças e tem dinheiro para comprá-las. Se ninguém precisar de calças, a pessoa *A* não poderá vendê-las. O que ainda pode acontecer é que *A* tenha levado muito tempo para produzir as calças. Seu trabalho concreto útil (ou porção dele) não foi reconhecido como socialmente necessário (ver "Os dois fatores da mercadoria", quadro 12, p. 44). Mesmo que *A* não tivesse levado tanto tempo, mas muitas calças tivessem sido produzidas, nem todo o trabalho individual despendido contaria como criador de valor. É apenas na troca que os produtores vão saber se e em que medida seu trabalho concreto útil foi criador de valor (ver "O duplo caráter do trabalho representado nas mercadorias", quadro 6, p. 53). Marx desconsidera essas possibilidades nas passagens subsequentes e pressupõe que a transformação da mercadoria em dinheiro transcorra sem dificuldades.

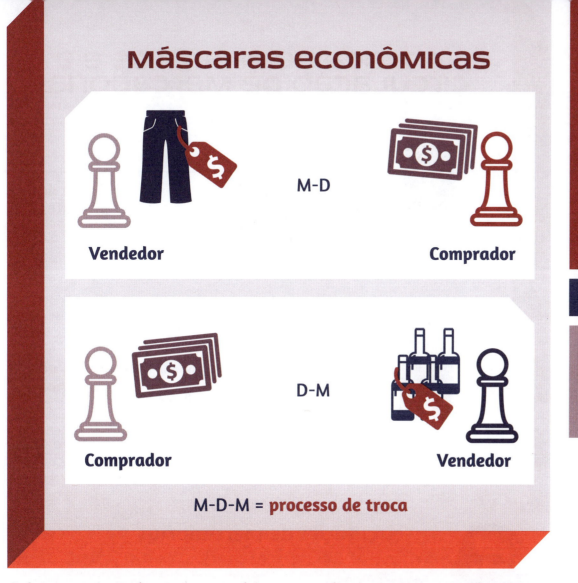

O DINHEIRO
Quadro 5 (de 14)

Nível da exposição
Circulação simples de mercadorias

Dica
À primeira vista, este quadro parece ser igual ao anterior. A diferença está nas perspectivas em relação ao mesmo processo: a metamorfose da mercadoria (ver quadro 4) e as "máscaras" (ver quadro 5).

Anotações:

Cada compra é, simultaneamente, também uma venda; a primeira metamorfose de uma mercadoria é a metamorfose final de outra mercadoria. A metamorfose total (M-D-M) consiste, assim, em dois movimentos opostos, M-D e D-M, que são executados por duas pessoas. Duas máscaras econômicas, ou "caracteres econômicos" (Livro I, p. 184), se confrontam: vendedor e comprador. Como no primeiro e no segundo capítulo, Marx analisa antes a forma (a metamorfose da mercadoria: a mercadoria trocada muda sua forma, ela "se torna" dinheiro) e depois a ação das pessoas. Em seguida, ele se volta à análise da forma. M-D e D-M constituem o circuito de uma mercadoria; de seu entrelaçamento com o circuito de outras mercadorias resulta a "circulação de mercadorias".

O DINHEIRO

QUADRO 6 (DE 14)

NÍVEL DA EXPOSIÇÃO
Circulação simples de mercadorias

anotações:

A TROCA DE PRODUTOS E A CIRCULAÇÃO DE MERCADORIAS

 A **circulação de mercadorias** distingue-se da troca direta de produtos **não só formalmente, mas também essencialmente.** (Livro I, p. 185)

M-M é o resultado de M-D-M; no entanto, entre ambos há uma diferença fundamental: da troca mediada por dinheiro participam não apenas duas pessoas, mas pelo menos três, e o circuito da troca e o número de produtos se expandem. Ao mesmo tempo, essa troca expandida se desenvolve na direção de "um círculo completo de conexões que, embora sociais, impõem-se como naturais, não podendo ser controladas por seus agentes" (Livro I, p. 186).

POSSIBILIDADE DE CRISES

> **Por isso, tais formas implicam a possibilidade de crises, mas não mais que sua possibilidade. O desenvolvimento dessa possibilidade em efetividade requer todo um conjunto de relações que ainda não existem no estágio da circulação simples de mercadorias.** (Livro I, p. 187)

O DINHEIRO
QUADRO 7 (DE 14)

NÍVEL DA EXPOSIÇÃO
Circulação simples de mercadorias

ANOTAÇÕES:

No caso da troca imediata de produtos, a compra e a venda coincidem. No caso da troca mediada pelo dinheiro, um ato de compra não se segue a um ato de venda; compra e venda podem divergir uma da outra. M-D e D-M são, de um lado, dois momentos complementares de um processo total (M-D-M) e, de outro, dois processos independentes: "Se, completando-se os dois polos um ao outro, a autonomização externa do internamente dependente avança até certo ponto, a unidade se afirma violentamente por meio de uma crise" (Livro I, p. 187). No nível da circulação simples de mercadorias, pode-se estabelecer apenas a *possibilidade* de uma crise, mas não se sabe se essa crise se tornará realidade. A crise é um tópico em várias passagens d'*O capital*. Marx critica as posições que reduzem a troca de mercadorias à troca de produtos e concluem que o modo de produção capitalista é, em princípio, livre de crises. Esse normalmente é o caso da ciência econômica neoclássica contemporânea (Lei de Say).

O DINHEIRO

QUADRO 8 (DE 14)

NÍVEL DA EXPOSIÇÃO
Circulação simples de mercadorias

DICA
Aqui estão ausentes, é verdade, as ilustrações coloridas e suas simpáticas figuras – é preciso agora tolerar uma fórmula desagradável que sumariza as páginas 188 e seg. (Livro I). A equação na parte de baixo é a legenda para a fórmula de cima.

ANOTAÇÕES:

$$\frac{P}{V} = M$$

O curso do dinheiro

$$\frac{\text{Soma do preço das mercadorias}}{\text{Velocidade do curso do dinheiro}} = \text{Massa do dinheiro que funciona como meio de circulação}$$

Como mediador da troca de mercadorias, o dinheiro descreve um curso: ele deixa o ponto de partida e realiza sempre o mesmo processo. Após o ato da troca, as mercadorias saem de circulação, mas o dinheiro permanece e circula constantemente. Isso suscita a percepção de que as mercadorias circulam porque o dinheiro circula. Na realidade, ocorre o inverso: o dinheiro se move porque as mercadorias mudam de forma. O movimento do dinheiro como meio de circulação é, "na verdade, apenas o movimento próprio da forma delas [mercadorias]" (Livro I, p. 189). Surge a questão de quanto dinheiro a circulação necessita. No mesmo livro, Marx lida com isso nas páginas 190-7 e chega à seguinte conclusão: a massa de dinheiro funcionando como meio de circulação depende da soma do preço das mercadorias. Com essa afirmação, ele se engaja em uma crítica da economia política, que afirma o oposto: os preços das mercadorias dependem da quantidade de dinheiro (teoria quantitativa do dinheiro). Essa concepção é ainda hoje defendida pela economia neoclássica.

MOEDA E SIGNO DO VALOR

Moedas de ouro que servem como dinheiro

Notas de papel emitidas pelo Estado, em substituição à moeda de ouro (dinheiro em papel estatal, de curso forçado)

O DINHEIRO
QUADRO 9 (DE 14)

NÍVEL DA EXPOSIÇÃO
Circulação simples de mercadorias

ANOTAÇÕES:

Como as moedas de ouro podem se desgastar, mas continuam a circular e a ser aceitas, a circulação tem a tendência de substituir as moedas por símbolos. Esse é o argumento de Marx, que simplesmente constata o que efetivamente ocorreu na história. Mas surge a questão: "Como pode o ouro ser substituído por simples signos de si mesmo destituídos de valor?" (Livro I, p. 202). A resposta de Marx é baseada em sua análise dos meios de circulação no processo M-D-M. A substituição do ouro por outro signo (metal, papel etc.) é intrínseca à lógica da troca de mercadorias, na qual os meios de circulação são constantemente substituídos por outras mercadorias (por exemplo, dinheiro por calças). O dinheiro funciona aqui como simples "signo de si mesmo". Por essa razão, os participantes do sistema econômico podem também substituí-lo por signos que são, então, confirmados e garantidos pelo Estado.

O DINHEIRO

QUADRO 10 (DE 14)

NÍVEL DA EXPOSIÇÃO
Circulação simples de mercadorias

ANOTAÇÕES:

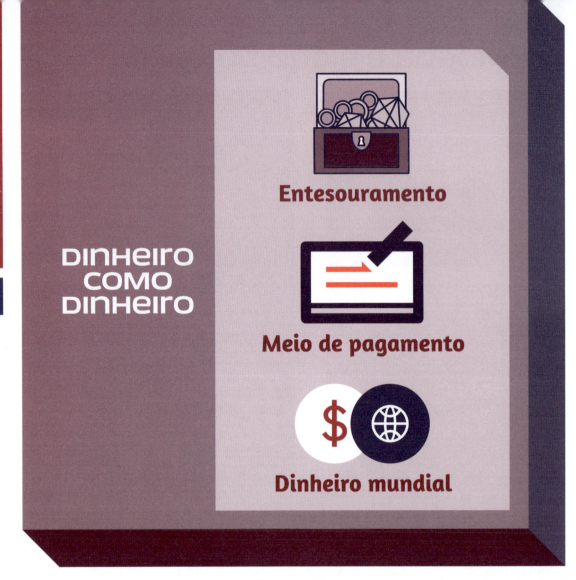

O título do terceiro item do capítulo 3 ("Dinheiro") suscita a questão: "O que isso significa? Dinheiro foi o assunto o tempo todo". Neste item, "a mercadoria que funciona como medida de valor e, desse modo, também como meio de circulação, seja em seu próprio corpo ou por meio de um representante, é dinheiro. O ouro (ou a prata) é, portanto, dinheiro" (Livro I, p. 203). Assim, o dinheiro funciona como "dinheiro" (não apenas como medida de valor ou como meio de circulação) quando aparece, diante das mercadorias, como "a única forma adequada de existência do valor de troca" (Livro I, p. 203). Ele faz isso em suas funções de tesouro, de meio de pagamento e de dinheiro mundial. Lidaremos em detalhes com esses conceitos nos quadros a seguir.

O DINHEIRO
QUADRO 11 (DE 14)

NÍVEL DA EXPOSIÇÃO
Circulação simples de mercadorias

ANOTAÇÕES:

Como apresentado no quadro 7, o vendedor não tem necessariamente de se envolver em um ato de compra depois que vendeu sua mercadoria. Aqueles que retiraram o dinheiro de circulação constroem tesouros. Esse entesourador não vende a mercadoria (calças) com a finalidade de comprar outras (garrafas), mas com o objetivo de guardar o dinheiro obtido. O objetivo do processo mudou. Por que alguém entesouraria dinheiro? Na sociedade capitalista, o dinheiro corporifica permutabilidade imediata. Quando você tem dinheiro, pode comprar qualquer coisa. O dinheiro é a encarnação da riqueza e do poder social. Assim, as relações sociais explicam a "cobiça pelo dinheiro", mencionada por Marx em relação ao entesourador. Assim, a cobiça não é uma motivação individual nem faz parte da "natureza" humana. Neste ponto, com frequência, surge a questão de por que o entesouramento "não tem limites". Novamente: a intenção de Marx é analisar a estrutura que influencia o comportamento. O dinheiro é qualitativamente sem limites (ou seja, não há razão para o entesouramento cessar); ao mesmo tempo, quantitativamente limitado (R$ 500 são menos que R$ 1.000, os quais, por sua vez, são menos que R$ 2.000 etc.). O entesouramento também cumpre uma função econômica: serve como reserva e como canal para a circulação.

O DINHEIRO

QUADRO 12 (DE 14)

NÍVEL DA EXPOSIÇÃO
Circulação simples de mercadorias

ANOTAÇÕES:

Se a mercadoria não é imediatamente paga com dinheiro, mas com um instrumento negociável, como uma nota promissória ou uma letra de câmbio, o dinheiro não funciona mais como meio de circulação, e sim como meio de pagamento. As máscaras econômicas correspondentes são: credor e devedor. Como o dinheiro não está mais presente durante a compra, deixa de mediar o processo. Quando a mercadoria já deixou há muito a esfera da circulação, o dinheiro conclui o processo. O devedor precisa vender algo para adquirir dinheiro. Como no entesouramento, o dinheiro é o "fim próprio da venda" (Livro I, p. 209), enquanto o dinheiro como meio de circulação medeia a troca de duas mercadorias. Observe: a distinção entre meio de circulação e meio de pagamento é feita por Marx. Hoje, os meios de circulação são também chamados de meios de pagamento.

POSSIBILIDADE DE CRISES

A função do dinheiro como meio de pagamento traz em si uma contradição direta. Na medida em que os pagamentos se compensam, ele funciona apenas **idealmente, como moeda de conta** ou medida dos valores. Quando se trata de fazer um pagamento efetivo, o dinheiro não se apresenta como meio de circulação [...], mas como [...] **mercadoria absoluta**. Essa **contradição emerge** no momento das crises de produção e de comércio, conhecidas como crises monetárias. (Livro I, p. 210-1)

O DINHEIRO
QUADRO 13 (DE 14)

NÍVEL DA EXPOSIÇÃO
Circulação simples de mercadorias

ANOTAÇÕES:

Com o dinheiro como meio de pagamento, surge uma nova possibilidade de crise: enquanto todos os pagamentos se compensam, não há necessidade de dinheiro. Contudo, quando os pagamentos têm de ser realmente efetuados, o dinheiro, como "mercadoria absoluta", deve estar disponível, isto é, como uma mercadoria com a qual tudo possa ser comprado – o que, no entanto, não é garantido. Daí surge a possibilidade de uma crise monetária.

O DINHEIRO

QUADRO 14 (DE 14)

NÍVEL DA EXPOSIÇÃO
Circulação simples de mercadorias

ANOTAÇÕES:

DINHEIRO MUNDIAL

Ao deixar a esfera da circulação interna, o dinheiro se despe de suas formas locais de padrão de medida dos preços, de moeda, de moeda simbólica e de símbolo de valor, e retorna à sua forma original de barra de metal precioso. (Livro I, p. 215)

Dinheiro mundial é o dinheiro usado no mercado global. O trecho descreve a situação durante a época de Marx, mas não é mais aplicável ao período posterior à Segunda Guerra Mundial. Desde então, uma moeda nacional (dólar norte-americano) funciona como moeda mundial. Com frequência, surgem perguntas com relação à seguinte frase: "Sua forma de existência torna-se adequada a seu conceito" (Livro I, p. 215). Aqui, Marx refere-se às três propriedades da forma de equivalente (ver "A forma de valor, ou valor de troca", quadro 6, p. 60). É apenas no mercado mundial que o dinheiro (como moeda mundial) realmente se torna uma expressão universal do valor, referida por Marx no capítulo 1 como "equivalente universal".

A TRANSFORMAÇÃO DO DINHEIRO EM CAPITAL
QUADRO 1 (DE 8)

NÍVEL DA EXPOSIÇÃO
Circulação do capital

DICA
Parabéns! Você chegou até aqui: o capital finalmente entra em cena.

ANOTAÇÕES:

No capítulo 4, o nível da exposição muda: Marx refere-se pela primeira vez ao capital. A transição categorial de M-D-M para D-M-D não está n'*O capital*. Na obra, lê-se que, ao lado de M-D-M, "encontramos" (Livro I, p. 224) D-M-D, o que pode levar a muitas questões. Essa transição, bem como a conexão entre a circulação simples de mercadorias e a circulação do capital, é analisada no assim chamado *Urtext* (texto original de *Contribuição à crítica da economia política*) e nos *Grundrisse* (p. 239 e seg.). Na citação, é importante também prestar atenção ao advérbio "inicialmente", uma vez que a circulação do capital será detalhada ao longo do capítulo (D-M-D').

97

A TRANSFORMAÇÃO DO DINHEIRO EM CAPITAL

QUADRO 2 (DE 8)

NÍVEL DA EXPOSIÇÃO
Circulação do capital

DICA
Para o significado da expressão "máscara", ver Livro I, p. 159-60 (bem como quadro 7, p. 103).

ANOTAÇÕES:

FORMAS DE CIRCULAÇÃO: ELEMENTOS COMUNS

Em

M-D-M

e

D-M-D

encontram-se:

➡ as mesmas fases: compra e venda **(D-M e M-D)**

➡ os mesmos elementos: **mercadoria** e **dinheiro**

➡ as mesmas máscaras econômicas: **compradores** e **vendedores**

FORMAS DE CIRCULAÇÃO: DIFERENÇAS

M-D-M	D-M-D
O **dinheiro** é o mediador.	A **mercadoria** é a mediadora.
O dinheiro é definitivamente **gasto**.	O dinheiro é **adiantado**.
A mesma peça de dinheiro muda de mãos duas vezes.	**A mesma mercadoria** muda de mãos duas vezes.
O dinheiro **não retorna**.	O **retorno** do dinheiro é o motor do movimento.
O **consumo** é o objetivo.	O **valor de troca** é o objetivo.
Os extremos são **valores de uso diferentes**.	Os extremos são apenas **quantitativamente distintos**. ➡ Assim, a forma D-M-D apenas faz sentido como **D-M-D'**.

A TRANSFORMAÇÃO DO DINHEIRO EM CAPITAL
QUADRO 3 (DE 8)

NÍVEL DA EXPOSIÇÃO
Circulação do capital

ANOTAÇÕES:

Enquanto o objetivo de M-D-M é a troca de um valor de uso por outro (por exemplo, uma mesa por calças), de modo que duas coisas qualitativamente *diferentes* estão no início e no fim do processo, uma coisa qualitativamente *igual* está no início e no fim do processo D-M-D. Assim, o objetivo de D-M-D pode ser apenas uma diferença quantitativa, ter mais dinheiro ao fim do processo do que no início (D-M-D'). O movimento D-M-D' é o da autovalorização do dinheiro, que Marx chama de capital. Esse movimento é ilimitado e sem fim. No caso de D-M-D', a questão não é satisfazer necessidades, mas produzir mais-valor. A satisfação de necessidades é apenas um meio com o objetivo de atingir a meta da valorização. Com frequência, levanta-se aqui uma reclamação: ou a fórmula D-M-D' não é esclarecedora ou foi apenas inventada por Marx. Por que esse movimento seria ilimitado? Os capitalistas realmente *desejam* mais e mais? Neste ponto, a questão não pode ser respondida, uma vez que os capitalistas ainda não desempenham um papel. O capitalista é alguém que faz do conteúdo do movimento do capital sua "finalidade subjetiva" (Livro I, p. 229). Age, assim, como resultado da pressão da concorrência.

A transformação do dinheiro em capital

quadro 4 (de 8)

Nível da exposição
Circulação do capital

anotações:

A ORIGEM DO MAIS-VALOR

> A transformação do dinheiro em capital tem de ser explicada com base nas leis imanentes da troca de mercadorias, de modo que a troca de equivalentes seja o ponto de partida.
> (Livro I, p. 240-1)

Na análise da forma, Marx deduz que o único objetivo de D-M-D é o aumento de D. Como esse aumento é possível? No segundo item do capítulo, Marx explica por que o mais-valor, de um lado, não pode surgir na circulação, mas, de outro, deve se originar na circulação. Na citação, a tarefa da análise é descrita: trata-se de explicar o mais-valor tomando por base a troca de equivalentes. Sob essas condições, a mudança de valor pode apenas se originar no valor de uso da mercadoria que é adquirida no primeiro ato de D-M. Apenas uma mercadoria, contudo, tem a propriedade de ser uma fonte de valor...

UMA MercaDOria especial: a força De Trabalho

Força de trabalho	=	Capacidade de trabalhar
Valor da mercadoria FT		O tempo de trabalho socialmente necessário para sua (re)produção (como qualquer outra mercadoria). O valor dos meios necessários de subsistência, como nutrição, habitação, vestuário, educação etc. ("elemento histórico e moral" apenas válido para o valor da mercadoria FT).
Valor de uso da mercadoria FT		Consiste em seu poder de formar valor. Por um tempo de trabalho correspondentemente longo, a FT pode criar mais valor do que tem.
Preço da mercadoria FT		Salário em dinheiro. O que é pago é o valor da FT, não o trabalho executado.

Trabalho (*cria* valor) ≠ **Força de trabalho** (*tem* valor)

O conceito da (re)produção da mercadoria força de trabalho compreende de longe mais do que apenas a nutrição e a habitação. Uma vez que a reprodução também objetiva assegurar a valorização futura (dos filhos da classe trabalhadora), ela necessariamente inclui o tempo para uma recuperação limitada, para a educação, a vida em casal e a reprodução biológica. Por meio do "elemento histórico-moral", o valor da mercadoria força de trabalho não é objetivamente fixado, mas depende de fatores políticos e de relações sociais de força. Relações racistas e patriarcais, por exemplo, influenciam em diversos grupos sociais o valor da mercadoria força de trabalho. Nesse nível de abstração, não tem importância se a força de trabalho é masculina, feminina, *queer*, branca, negra, jovem ou velha. Com frequência, o valor da mercadoria força de trabalho suscita a discussão sobre a esfera da reprodução e se Marx levou ou não em consideração o trabalho doméstico – necessário, mas não remunerado –, o qual historicamente tem sido desempenhado por mulheres ou (i)migrantes. Os debates feministas têm discutido amplamente esse aspecto. Importante sinalizar aqui que valor da força de trabalho e salário não são a mesma coisa.

A Transformação Do Dinheiro em capital
quaDro 5 (De 8)

nível Da exposição
Circulação do capital

Dica
O "elemento histórico-moral" pode ser ilustrado com a ajuda de indagações concretas: como é o padrão de vida médio em um lugar determinado e em certa época? Um computador portátil integra essa média ou não? Até que ponto os trabalhadores estão em condições de impor suas demandas salariais? Qual é o papel desempenhado pelo reconhecimento social de uma profissão específica?

anotações:

A TRANSFORMAÇÃO DO DINHEIRO EM CAPITAL

quadro 6 (de 8)

NÍVEL DA EXPOSIÇÃO
Circulação do capital

anotações:

O TRABALHADOR LIVRE EM DUPLO SENTIDO

O trabalhador vende ao capitalista sua força de trabalho como mercadoria.

A fim de que a força de trabalho se encontre no mercado, duas condições devem ser satisfeitas:

O trabalhador deve estar formalmente **livre para vender sua força de trabalho**. Ele não vive em situação de dependência (isto é, como escravo ou servo).

O trabalhador deve estar materialmente **"livre" dos meios de produção**, de modo que seja sempre forçado a vender sua força de trabalho.

A base da sociedade capitalista é uma relação de classe determinada; essa relação exige pessoas que possuam os meios de produção e o dinheiro, bem como pessoas que não possuam nada além de sua própria força de trabalho. Ambas as condições resultam de um processo histórico que Marx examina apenas no capítulo 24 (ver "A assim chamada acumulação primitiva", p. 139-42).

Para resumir:

Mais-valor
O incremento relativo à soma originalmente adiantada (a diferença entre D' e D).

O valor produzido pelo trabalhador menos o valor da mercadoria força de trabalho.

Capital
O valor que é valorizado (aumentado).

Capitalista
O portador do movimento do capital, uma máscara econômica, o capital personificado.

A transformação do dinheiro em capital
Quadro 7 (de 8)

Nível da exposição
Circulação do capital

Dica
Este quadro pode ser retomado em diversos momentos do curso.

Anotações:

O conceito do mais-valor aparece pela primeira vez na p. 227 do Livro I. O mais-valor não é a mesma coisa que "lucro", como equivocadamente se assume com frequência. O capital é um "valor que se autovaloriza", seja na forma de uma mercadoria, seja na forma de dinheiro. A mercadoria e o dinheiro são simplesmente "modos diversos de existência do próprio valor" (Livro I, p. 229). O capitalista é uma máscara econômica e age de acordo com a lógica do capital. Marx analisa as pessoas como "personificações de categorias econômicas" (ver "Introdução à leitura d'*O capital*", quadro 6, p. 30). Isso significa que antes que alguém entenda por que as pessoas agem de tal forma, deve-se explicar a estrutura na qual essas mesmas pessoas agem.

A TRANSFORMAÇÃO DO DINHEIRO EM CAPITAL

QUADRO 8 (DE 8)

NÍVEL DA EXPOSIÇÃO
Circulação do capital

ANOTAÇÕES:

O QUE SIGNIFICA A EXPLORAÇÃO?

A **exploração** consiste no fato de que os trabalhadores são forçados a trabalhar mais do que o necessário para sua própria reprodução, enquanto outros se apropriam dos frutos desse trabalho excedente.

> Dizer capacidade de trabalho não é o mesmo que dizer trabalho, assim como dizer capacidade de digestão não é o mesmo que dizer digestão. Para a realização do processo digestório é preciso mais do que um bom estômago. (Livro I, p. 248)

A exploração no sentido de Marx não é caracterizada por baixos salários ou péssimas condições de trabalho. Ela não é uma categoria moral. A exploração é uma condição capitalista normal que não viola a lei do valor. Os trabalhadores recebem o equivalente ao valor de troca de sua força de trabalho. Os capitalistas compram a mercadoria (força de trabalho) e usam seu valor de uso (trabalho). Dentro da estrutura da produção de mercadorias, ninguém sofre injustiça nem é enganado. A distinção entre trabalho e força de trabalho (ver quadro 5, p. 101) também é importante para a seção posterior, sobre salário.

O PROCESSO DE TRABALHO

> O processo de trabalho [...] é atividade orientada a um fim – a produção de **valores de uso** –, apropriação do elemento natural para a satisfação de necessidades humanas, condição universal do metabolismo entre homem e natureza, **perpétua condição natural** da vida humana e, por conseguinte, independente de qualquer **forma** particular dessa vida, ou melhor, comum a todas as suas formas sociais. (Livro I, p. 261)

O PROCESSO DE TRABALHO E O PROCESSO DE VALORIZAÇÃO
QUADRO 1 (DE 4)

NÍVEL DA EXPOSIÇÃO
Processo imediato de produção do capital individual

DICA
Esta sequência deve ser lida bem devagar, talvez até mesmo em voz alta, pelos participantes.

ANOTAÇÕES:

Independentemente de como as pessoas em diferentes momentos históricos organizam o trabalho social (a produção e a distribuição de bens), elas têm de entrar em um processo metabólico com a natureza. Marx inicialmente examina o trabalho independentemente de sua forma histórica. Como tal, ele é algo abstrato: o trabalho existe apenas numa forma social específica. O que isso importa? Marx deseja manter a distinção entre as necessidades reais do processo humano de trabalho, de um lado, e as necessidades do processo de valorização, a forma histórica específica do processo de trabalho no capitalismo, de outro (ver o próximo quadro). A citação deste quadro é um resumo que condensa bem a questão e que se encontra ao final do capítulo.

O processo de trabalho e o processo de valorização

QUADRO 2 (DE 4)

NÍVEL DA EXPOSIÇÃO
Processo imediato de produção do capital individual

DICA 1
Como o texto neste quadro é denso, planeje tempo suficiente para perguntas e debates.

DICA 2
Uma alternativa é trabalhar as categorias "processo de trabalho" e "processo de valorização" em grupos pequenos.

ANOTAÇÕES:

O processo de valorização

Sob as condições capitalistas, o que caracteriza o processo de trabalho é:

 "O trabalhador labora sob o controle do capitalista, a quem pertence seu trabalho." (Livro I, p. 262)

 "O produto é propriedade do capitalista, não do produtor direto, do trabalhador." (Livro I, p. 262)

 "Os valores de uso só são produzidos porque e na medida em que são o substrato material, os suportes do valor de troca." (Livro I, p. 263)

 Sob o comando do capitalista, o trabalhador trabalha mais tempo do que o necessário à própria reprodução. "É essa diferença de valor que o capitalista tem em vista quando compra a força de trabalho." (Livro I, p. 270)

 O trabalho passado, "trabalho morto" objetificado, é transformado em capital durante o processo de valorização, é transformado, por meio da aplicação do "trabalho vivo", em "valor que se autovaloriza". (Livro I, p. 271)

 Processo de valorização

O processo de valorização (forma) é o processo de trabalho (conteúdo) sob as condições capitalistas. Com o objetivo de distinguir entre as duas categorias, as afirmações mais marcantes de Marx são reunidas de maneira que fique claro aquilo que é historicamente específico no processo de valorização. A esse respeito, a consciência cotidiana também funde conteúdo e forma: todo trabalho parece ser trabalho assalariado. Aqui, faz sentido, mais uma vez, lembrar as formas historicamente distintas da organização social do trabalho: produção no capitalismo, no feudalismo, nas antigas cidades-Estados etc. Nem todo processo de trabalho é, *em si*, um processo de valorização, da mesma forma que os meios de produção ou o dinheiro não são, *em si*, capital (Livro I, p. 261, nota 9). No capitalismo, é verdade, nem *tudo* é produzido como mercadoria (por exemplo, com relação à reprodução, atividades como a educação das crianças ou o cuidado com os idosos não são necessariamente organizadas de maneira capitalista). Mas a intenção de Marx era analisar a forma socialmente *dominante* do trabalho e da produção.

O Processo De Produção De Mercadorias

> **Assim como a própria mercadoria é unidade de valor de uso e valor, seu processo de produção tem de ser a unidade de processo de trabalho e o processo de formação de valor.** (Livro I, p. 263)

O Processo De Trabalho e o Processo De Valorização

Quadro 3 (De 4)

Nível Da Exposição
Processo imediato de produção do capital individual

Dica
Neste contexto, com frequência surge a dúvida sobre o que é considerado trabalho "simples" e o que é considerado trabalho "complexo", talvez precisamente porque existam bem poucos esclarecimentos com referência a isso no texto (Livro I, p. 274-5, nota 18).

Anotações:

Já havíamos deixado claro que a distinção entre conteúdo material e forma social é uma espécie de "trilha analítica" que percorre todo *O capital*. A citação neste quadro refere-se a outras categorias que apreendem conceitualmente a dupla face das relações sociais (valor de uso/valor, trabalho concreto/trabalho abstrato), que podem ser retomadas aqui (sobre forma e conteúdo, ver "Os dois fatores da mercadoria", quadro 3, p. 35). Uma vez que essa citação apenas menciona o processo de formação de valor, segue um breve complemento referente à diferença entre o processo de formação de valor e o processo de valorização: o processo de produção que se estende para além do simples processo de formação do valor torna-se processo de valorização a partir do momento em que o tempo de trabalho necessário finda, isto é, que o valor da mercadoria força de trabalho foi reposto e o tempo do mais-valor começa. Essa é a fonte do mais-valor.

O Processo de Trabalho e o Processo de Valorização

QUADRO 4 (DE 4)

NÍVEL DA EXPOSIÇÃO
Processo imediato de produção do capital individual

DICA 1
Este quadro pode ser usado em diversas discussões.

DICA 2
O próximo conjunto de quadros é estreitamente relacionado a este. Recomenda-se tratá-los como um todo.

ANOTAÇÕES:

...para resumir:

Processo de trabalho
Momentos gerais de cada trabalho concreto útil.

Processo de formação de valor
Forma social do processo de trabalho quando o produto do trabalho assume a forma da mercadoria.

Processo de produção de mercadorias
Unidade do processo de trabalho e do processo de valorização.

Processo de valorização
Processo de formação de valor que ocorre por intervalo de tempo tal que a grandeza do valor das novas mercadorias produzidas é maior do que a das mercadorias usadas na produção.

Processo capitalista de produção
Unidade do processo de trabalho e do processo de valorização.

A DUPLICIDADE DO Processo DE TRABALHO

> Mas como a adição de novo valor ao objeto de trabalho e a conservação dos valores anteriores incorporados no produto são dois resultados completamente distintos que o trabalhador atinge ao mesmo tempo, durante o qual ele trabalha, no entanto, uma única vez, conclui-se que essa **duplicidade do resultado** só pode ser explicada pela **duplicidade de seu próprio trabalho.** (Livro I, p. 277)

Esta citação enfatiza: o mesmo trabalho é considerado a partir de dois aspectos. O processo de trabalho e o processo de valorização relacionam-se um ao outro de maneira análoga ao duplo caráter do trabalho: na produção de mercadorias, o trabalho concreto mantém o valor dos meios de produção usados e transfere seus componentes de valor ao novo produto. Ao mesmo tempo, o trabalho humano abstrato cria valor adicional. No nível do processo de trabalho, ambas as coisas ocorrem simultaneamente, *enquanto* e *porque* o trabalhador engaja-se em uma produção dotada de um fim específico. Com relação ao processo de valorização, a *preservação* do valor (ou transferência do valor) e a *criação do valor* podem ser analiticamente separadas. Segundo nossa experiência, no início as pessoas têm dificuldade de considerar que, apesar de os aspectos *quantitativos* e *qualitativos* do processo serem simultâneos, eles devem ser separados analiticamente. Os exemplos que Marx oferece nas páginas 277-8 ajudam a ilustrar isso.

CAPITAL CONSTANTE E CAPITAL VARIÁVEL

QUADRO 1 (DE 2)

NÍVEL DA EXPOSIÇÃO
Processo imediato de produção do capital individual

DICA 1
Este quadro está ligado aos quatro quadros anteriores ("O processo de trabalho e o processo de valorização"). Recomenda-se trabalhá-los em conjunto.

DICA 2
Vale a pena repetir: o valor simplesmente não "está já lá" na produção. Sua realização pressupõe uma relação de troca, sem a qual ele não existe.

ANOTAÇÕES:

capital constante e capital variável

quadro 1 (de 2)

NÍVEL DA EXPOSIÇÃO
Processo imediato de produção do capital individual

DICA
Após tanta teoria complexa, faça um intervalo!

ANOTAÇÕES:

os conceitos

Capital constante
"A parte do capital que se converte em meios de produção, isto é, em matérias-primas, matérias auxiliares e meios de trabalho, não altera sua grandeza de valor no processo de produção". (Livro I, p. 286)

Capital variável
"A parte do capital constituída de força de trabalho modifica seu valor no processo de produção. Ela não só reproduz o equivalente de seu próprio valor, como produz um excedente, um mais-valor, que pode variar". (Livro I, p. 286)

Os mesmos componentes do capital, que, do ponto de vista do processo de trabalho, distinguem-se como fatores objetivos e subjetivos, como **meios de produção e força de trabalho**, distinguem-se, do ponto de vista do processo de valorização, como **capital constante e capital variável**. (Livro I, p. 286)

Neste quadro, ambos os conceitos são definidos com precisão. A citação subsequente de Marx é bem adequada para estabelecer uma conexão entre as categorias do capítulo 5 e as do capítulo 6. O mesmo processo é considerado de perspectivas diferentes. As figuras destinam-se a enfatizar que o capital variável, o trabalho vivo, se encontra em um nível de abstração em que características concretas como gênero, origem ou idade não desempenham nenhum papel. Uma vez que lidamos com categorias centrais para o entendimento adicional da produção do mais-valor, um tempo adequado deve ser despendido na discussão. Com frequência, neste ponto, as discussões enfocam a questão da razão pela qual os meios de produção não criam valor, isto é, não transferem nenhum valor adicional ao novo produto além daquele que já possuem independentemente do processo de trabalho. As dúvidas também incidem sobre o porquê de sua grandeza de valor não mudar.

TEMPO DE TRABALHO NECESSÁRIO E TEMPO DE TRABALHO EXCEDENTE

O capitalista não compra o trabalhador (trabalhadores assalariados não são escravos), mas sim a força de trabalho deles, da qual passa a dispor como quiser.

Tempo de trabalho necessário

É a parte do dia de trabalho em que é criado o valor de todos aqueles produtos de que o trabalhador precisa para sua própria (re)produção.

Tempo de trabalho excedente

Trabalho despendido sob o comando do capitalista, que ultrapassa o tempo de trabalho necessário. É a fonte do mais-valor.

Tempo de trabalho necessário
5 horas ▶ Valor do tempo de trabalho

Tempo de trabalho excedente
3 horas ▶ Mais-valor

Duração do dia de trabalho = 8 horas de valor recomposto

A TAXA DE MAIS-VALOR
QUADRO 1 (DE 2)

NÍVEL DA EXPOSIÇÃO
Processo imediato de produção do capital individual

DICA
Antes de iniciar este conjunto de quadros, você pode recapitular aquilo que a mercadoria força de trabalho tem de especial, enfatizando a categoria do "valor da mercadoria força de trabalho" (ver "A transformação do dinheiro em capital", quadro 5, p. 101).

ANOTAÇÕES:

O exemplo da jornada diária visualizado no quadro acima serve apenas de ilustração. Certamente, o tempo de trabalho excedente não pode ser medido com um cronômetro. Aqui – como é sempre o caso com Marx –, trata-se de uma distinção *analítica*, que tem consequências empíricas (o produto excedente criado é real), mas que não é perceptível aos sentidos durante o processo de produção. Esta imagem ilustra a relação entre as duas quantidades, como elas podem mudar em termos relativos e absolutos etc.

a Taxa De MaIS-Valor

Quadro 2 (De 2)

NÍVEL DA EXPOSIÇÃO
Processo imediato de produção
do capital individual

DICA
Vale lembrar que exploração, para Marx,
não é uma categoria moral
(ver "A transformação do dinheiro
em capital", quadro 8, p. 104).

ANOTAÇÕES:

A TAXA De MAIS-VALOR e o GRAU De EXPLORAÇÃO

$$\frac{m}{v} = \textbf{taxa de mais-valor} = \text{medida de valorização do capital variável}$$

$$\frac{\textit{Trabalho excedente}}{\textit{Trabalho necessário}} = \textbf{taxa de exploração} = \text{medida da exploração da força de trabalho}$$

Ambas as taxas são iguais em grandeza e descrevem a relação de exploração; uma no que se refere à quantidade de valor, a outra no que se refere à duração do tempo.

Valor da mercadoria = $c + v + m$
c = capital constante
v = capital variável
m = mais-valor

$$\textbf{Taxa de lucro} = \frac{m}{c + v}$$

A taxa de mais-valor é, assim, a **expressão exata do grau de exploração** da força de trabalho pelo capital ou do trabalhador pelo capitalista. (Livro I, p. 294)

Tanto a taxa de mais-valor como a taxa de exploração se referem, de maneiras distintas, ao mesmo fenômeno. A taxa de mais-valor (nível de valorização do capital variável) expressa uma relação entre *grandezas de valor*, enquanto a taxa de exploração (nível da exploração da força de trabalho) expressa uma relação entre grandezas de tempo. Ambas são quantitativamente iguais. A taxa de mais-valor não é a única medida da valorização – há também a taxa de lucro, como medida de valorização do capital. Marx menciona brevemente que, no Livro III d'*O capital*, a taxa de lucro é determinada com mais precisão, em um nível diferente de abstração. Então, por que mencionar aqui a taxa de lucro? A taxa de mais-valor (categoria puramente analítica) não é relevante na mente do capitalista, mas a taxa de lucro sim (e a taxa de mais-valor é seu fundamento). Contudo, a taxa de lucro oculta o grau da exploração, que é visível caso permaneçamos com a taxa de mais-valor. Ademais, o lucro é relacionado a uma compreensão cotidiana de "ganho", entendido como uma relação entre os custos e as receitas. No que diz respeito aos passos seguintes da argumentação de Marx, estamos inicialmente interessados apenas na taxa de mais-valor. O lucro será retomado pelo autor muito mais tarde. A citação torna claro que a taxa de mais-valor exprime uma relação social entre capital e trabalho, a qual aparece nas pessoas antagônicas de capitalista e trabalhador.

A jornada de trabalho: forma

Tempo de trabalho necessário	Tempo de trabalho excedente
valor da força de trabalho	mais-valor

Duração total da jornada de trabalho

A duração da jornada de trabalho não é constante: ela "é, pois, determinável, mas é, em verdade, indeterminada". (Livro I, p. 306) Por quê?

Limite mínimo da jornada = tempo de trabalho necessário

Se o tempo do trabalho excedente = 0 não existe capitalismo, uma vez que não ocorre nenhuma exploração.

Limite máximo do dia de trabalho pode variar dentro de certos limites:
- ★ **limites físicos** de resistência dos trabalhadores
- ★ **limites morais** para a satisfação de suas necessidades espirituais e sociais

O "carecimento descomedido de mais-trabalho" (Livro I, p. 309) não resulta da ganância individual do capitalista. Ele segue a lógica do modo de produção capitalista, que se impõe por meio da pressão da concorrência.

A jornada de trabalho
Quadro 1 (de 3)

Nível da exposição
Processo imediato de produção do capital individual

Dica
Para quebrar o formalismo, após a apresentação do quadro, podem ser lidas em voz alta as vozes do capitalista e do trabalhador, ao longo de toda a p. 308 ("O capitalista se apoia [...] exijo o valor de minha mercadoria").

Anotações:

Os quadros sobre a jornada de trabalho estão divididos da seguinte forma: nível da forma, nível da ação e nível da história. Em certa medida, esses aspectos se encontram misturados no texto de Marx. É importante mantê-los separados e deixar claro por que a questão da duração real da jornada não pode ser respondida no nível da forma. Já no início do texto, o jogo de palavras "determinável"/"indeterminada" remete aos diferentes níveis: a duração da jornada de trabalho não pode, em princípio, ser determinada no nível da forma, e é por isso que as ações formalmente determinadas dos atores resultam em conflito. O resultado desse conflito se mostra em um processo histórico concreto de luta de classes. De maneira distinta do que havia feito na análise do valor da mercadoria força de trabalho, cuja determinação é também resultado de conflitos (esse é seu elemento histórico-moral), Marx *explicitamente* refere-se a esse aspecto de luta quando trata da jornada de trabalho.

A JORNADA DE TRABALHO

QUADRO 2 (DE 3)

NÍVEL DA EXPOSIÇÃO
Processo imediato de produção do capital individual

DICA
Para quebrar o ritmo, faça estas perguntas: quem foi Mary Anne Walkley e o que significa "morte por mero excesso de trabalho" (*death from simple overwork*)? A resposta está na p. 327 do Livro I.

ANOTAÇÕES:

A JORNADA DE TRABALHO: AÇÃO

O capitalista invoca a lei da troca de mercadorias, seu direito garantido de usar o valor de uso da mercadoria força de trabalho pelo tempo que quiser.

O trabalhador também invoca a lei da troca de mercadorias e, com ela, a necessidade de zelar pela única coisa que possui, sua força de trabalho, que ele também terá de vender como mercadoria no futuro.

A natureza da própria troca de mercadorias não impõe barreira alguma à jornada de trabalho [...]. Entre direitos iguais, quem decide é a força. (Livro I, p. 309)

Aqui, Marx passa do nível da forma para o nível da ação (lutas entre o capital e o trabalho). No capítulo sobre a jornada de trabalho, as passagens históricas não servem apenas como ilustrações, mas formam parte integral do próprio argumento. Enquanto a forma da troca de mercadorias, em si, não chega a determinar a limitação ou o prolongamento da jornada, a luta de classes e o Estado, por sua vez, desempenham um papel regulatório. Na medida em que o Estado impõe limites à exploração, por meio de limitações legais sobre a duração da jornada de trabalho, ele garante as condições da exploração em longo prazo: a força de trabalho é conservada. Esse processo não é planejado "de cima", mas resulta da luta de classes. A ilustração no quadro mostra o conflito entre capitalista e trabalhadores. Enquanto estes não querem trabalhar em excesso apenas para aumentar o lucro do capitalista (o que é simbolizado pelo sinal de pausa na caixa de diálogo), o capitalista os impele ao trabalho.

A JORNADA DE TRABALHO: HISTÓRIA

Antes que o capital fosse "submetido aos grilhões da regulação legal" (Livro I, p. 317), o excesso desmedido de exploração e o progressivo prolongamento da jornada de trabalho não eram excepcionais: "O capital celebrou suas orgias" (Livro I, p. 350).

O modo de produção material modificado, ao qual correspondem as relações sociais modificadas entre os produtores, engendra, de início, abusos desmedidos e provoca, como reação, o controle social [...]. Para "se proteger" contra a serpente de suas aflições, os trabalhadores têm de se unir e, como classe, forçar a aprovação de uma lei [...] que os impeça a si mesmos de, por meio de um contrato voluntário com o capital, vender a si e a suas famílias à morte e à escravidão. (Livro I, p. 369, 373-4)

A natureza histórica da jornada de trabalho, que ao longo do tempo foi objeto de disputa, assim como as condições precárias nas fábricas, é exposta na extensa passagem sobre a legislação fabril. A citação ressalta dois aspectos centrais: a conexão entre o modo de produção e os conflitos sociais, bem como o papel que o Estado aí desempenha. No caso da história das lutas referentes à regulação da jornada de trabalho, o foco não é mais o trabalhador nem o capitalista individual, mas as duas *classes* que se opõem uma à outra e começam a se perceber como tais. A linguagem enfática que Marx usa no capítulo sobre a jornada de trabalho suscitou inúmeras discussões sobre o impulso ético-político de sua análise.

A JORNADA DE TRABALHO
QUADRO 3 (DE 3)

NÍVEL DA EXPOSIÇÃO
Processo imediato de produção do capital individual

DICA 1
Marx examina amplamente as lutas envolvendo a jornada e a legislação fabril. Não é necessário discutir cada detalhe dessas passagens históricas. Contudo, faça referência à importância sistemática (quadros 1 e 2).

DICA 2
Ao fim destes quadros, você mais uma vez pode ressaltar a mudança de nível (forma, ação e história), bem como a transição dos indivíduos às classes.

ANOTAÇÕES:

A produção do mais-valor absoluto e relativo

quadro 1 (de 11)

Nível da exposição
Processo imediato de produção do capital individual

Dica
Neste ponto, você pode se referir à determinação do capital no capítulo 4: o movimento do capital é interminável e "desmedido", isto é, sem medida (ver "A transformação do dinheiro em capital", quadro 3, p. 99, texto inferior).

anotações:

O propósito do modo de produção capitalista é aumentar o mais-valor. Essa é a "natureza interna do capital" (Livro I, p. 391).

D-M-D'

A desmedida do capital

Por conta da pressão da concorrência, os capitalistas buscam continuamente aumentar o mais-valor.

Como exatamente isso ocorre?

Este quadro introduz a reflexão sobre o mais-valor absoluto e o mais-valor relativo. A partir das determinações formais do capital no capítulo 4, sabemos que capital é valor que se autovaloriza e, assim, tem a tendência de constantemente aumentar seu valor. Após esse capítulo, Marx analisa, nas seções III, IV e V do Livro I, como isso de fato funciona no processo de produção.

A PRODUÇÃO DO MAIS-VALOR

Antes | 6 horas | 2 horas — 8 horas diárias

Depois | 6 horas | 4 horas — 10 horas diárias

Aumento do mais-valor pela prorrogação da jornada de trabalho

Mais-valor absoluto

Mais-valor relativo

A jornada de trabalho permanece a mesma, e o mais-valor aumenta pela redução do tempo de trabalho necessário.

Antes | 6 horas | 2 horas — 8 horas diárias

Depois | 4 horas | 4 horas — 8 horas diárias

A PRODUÇÃO DO MAIS-VALOR ABSOLUTO E RELATIVO
QUADRO 2 (DE 11)

NÍVEL DA EXPOSIÇÃO
Processo imediato de produção do capital individual

DICA
Aqui, você pode se referir de novo ao conteúdo relativo à jornada de trabalho (ver "A jornada de trabalho", quadro 1, p. 113).

ANOTAÇÕES:

Há duas possibilidades para o aumento do mais-valor: ou pela prorrogação da jornada de trabalho ou, com a jornada permanecendo constante, pela redução do tempo de trabalho necessário. Essa última é possível pelo aumento da produtividade.

A PRODUÇÃO DO MAIS-VALOR ABSOLUTO E RELATIVO

QUADRO 3 (DE 11)

NÍVEL DA EXPOSIÇÃO
Processo imediato de produção do capital individual

ANOTAÇÕES:

A PRODUÇÃO DO MAIS-VALOR RELATIVO

Como é possível reduzir o tempo de trabalho necessário?

Mediante o **aumento da produtividade** naqueles ramos cujos produtos são necessários à reprodução da força de trabalho.

Contudo, isso não é a motivação consciente do capitalista. Seu impulso motivador é a busca por...

Mais-valor extra
A diferença entre o valor social das mercadorias e o valor de uma mercadoria produzida com mais produtividade. O mais-valor extra existe enquanto o aumento da produtividade não se generalizar.

Força impulsionadora: **concorrência**

A redução do tempo de trabalho necessário não é a motivação do capitalista; antes, ele é movido pela busca por mais-valor extra e pela pressão da concorrência. Quando um capitalista introduz um método mais eficiente em sua fábrica, seus concorrentes o imitam. Porém, com o passar do tempo, a diferença em valor é nivelada, e a vantagem individual se perde. Se mercadorias fabricadas de maneira mais produtiva entram no valor da força de trabalho (meios necessários de alimentação e máquinas para a produção dos meios de subsistência, por exemplo), assim que esse desenvolvimento das forças de produção se generaliza, o valor das mercadorias em geral decresce; também decresce, portanto, o valor da força de trabalho: o tempo de trabalho necessário, então, diminui.

a produção do mais-valor absoluto e relativo
Quadro 4 (de 11)

Nível da exposição
Processo imediato de produção do capital individual

Anotações:

concorrência

> Não nos ocuparemos, por ora, do modo como as leis imanentes da produção capitalista se manifestam no movimento externo dos capitais, impondo-se como leis compulsórias da concorrência e apresentando-se à mente do capitalista individual como a força motriz de suas ações. Porém, esclareçamos de antemão: só é possível uma análise científica da concorrência depois que se apreende a natureza interna do capital, assim como o movimento aparente dos corpos celestes só pode ser compreendido por quem conhece seu movimento real, apesar de sensorialmente imperceptível. (Livro I, p. 391)

Do Livro I até o Livro III d'*O capital*, Marx desenvolve gradualmente as leis imanentes ao modo de produção capitalista. Apenas depois disso é que a concorrência pode ser sistematicamente analisada, o que acontece no Livro III, mas em um nível muito abstrato. Aqui, por razões da plausibilidade do argumento, Marx antecipa essa análise: a imposição dessa lei imanente (a produção do mais-valor relativo por meio do aumento da produtividade) não é possível sem envolver a concorrência, porque na prática cotidiana do capitalista não há ligação entre o aumento da produtividade do capital individual e o tempo de trabalho necessário para a reprodução da força de trabalho individual.

a produção do mais-valor absoluto e relativo

quadro 5 (de 11)

nível da exposição
Processo imediato de produção do capital individual

anotações:

meios de aumento do mais-valor relativo 1

Cooperação
Muitos trabalhadores usam os meios de produção e as instalações em comum, atuando de acordo com um plano e próximos uns aos outros.

 Os meios de produção são usados mais economicamente.

 A produtividade individual aumenta.

 Os trabalhadores executam de maneira conjunta as tarefas que não podem ser executadas individualmente.

Divisão do trabalho
Trabalhos complexos são divididos em funções parciais numerosas e simples, tornando-se, assim, mais rápidos.

 Exemplos: taylorismo, trabalho em linha de montagem.

Ambos os métodos não custam nada ao capitalista – são gratuitos!

Os métodos para a produção de mais-valor relativo descritos neste e nos quadros subsequentes são apresentados aqui apenas de modo sumário. Ao longo de muitas páginas, Marx descreve seus diversos aspectos mais extensamente.

MEIOS DE AUMENTO DO MAIS-VALOR RELATIVO II

Maquinaria e grande indústria
Por exemplo, fábricas, automação.

Em contraste com os outros dois métodos, aqui o capitalista tem de considerar se, como resultado, a mercadoria individual pode ser produzida de maneira mais barata e se o mais-valor pode ou não ser aumentado.

O emprego de máquinas vale a pena se, com isso, mais capital variável puder ser poupado do que capital constante tiver de ser reinvestido.

O investimento em máquinas depende do nível dos salários.

A PRODUÇÃO DO MAIS-VALOR ABSOLUTO E RELATIVO
Quadro 6 (de 11)

NÍVEL DA EXPOSIÇÃO
Processo imediato de produção do capital individual

DICA
Aqui, não são tratados os efeitos individuais da introdução da maquinaria. Contudo, seria importante discutir a razão pela qual a jornada de trabalho aumenta de duração apesar da elevação da produtividade. Também surgem, segundo nossa experiência, muitas dúvidas concernentes à intensificação do trabalho.

ANOTAÇÕES:

A utilização de maquinaria é do interesse do capitalista quando seu uso lhe permitir diminuir o custo de produção, isto é, quando os salários forem tão altos que valha a pena adquirir máquinas comparativamente mais baratas, em vez de pagar trabalhadores. Esses últimos, dessa forma, tornam-se supérfluos e, portanto, mais baratos. Por outro lado, a força de trabalho é a fonte de todo valor e do mais-valor. Essa contradição é tratada por Marx no Livro III. Os capítulos sobre a maquinaria e a grande indústria, em particular, levantam muitas dúvidas, por exemplo, sobre a atitude de Marx em relação ao progresso tecnológico, sobre o modo como o uso da maquinaria afeta, de maneira geral, os seres humanos e a natureza, sobre a medida em que a destrutividade de certas tecnologias pode ser atribuída apenas ao modo de produção capitalista e também sobre se, com a completa automação do trabalho, as pessoas ainda criariam valor.

a produção do mais-valor absoluto e relativo

quadro 7 (de 11)

nível da exposição
Processo imediato de produção do capital individual

anotações:

> A produção capitalista só desenvolve a técnica e a combinação do processo de produção social na medida em que **solapa os mananciais de toda a riqueza**: a terra e o trabalhador.
> (Livro I, p. 574)

tendências destrutivas do capital

Marx discute as tendências destrutivas do capital predominantemente no que diz respeito à força de trabalho. Contudo, ele também tinha em mente a destruição da natureza, como a citação ilustra. Com frequência menciona-se a preocupação de Marx com relação aos problemas ecológicos.

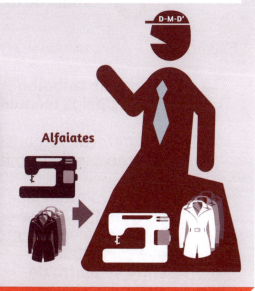

A PRODUÇÃO DO MAIS-VALOR ABSOLUTO E RELATIVO

QUADRO 8 (DE 11)

NÍVEL DA EXPOSIÇÃO
Processo imediato de produção do capital individual

ANOTAÇÕES:

O conceito de "subsunção", incomum na linguagem cotidiana, pode ser traduzido como "subordinação" ou "submissão". Com o desenvolvimento do modo de produção capitalista, um número crescente de ramos de trabalho é subsumido às relações capitalistas. Ainda hoje há exemplos de subsunção formal, por exemplo, quando costureiras independentes, trabalhando em casa, fazem vestidos como terceirizadas sob o comando de empresas capitalistas. Subsunção formal e real são conceitos estreitamente ligados aos de mais-valor absoluto e relativo, bem como ao conceito de trabalho produtivo. Marx lida mais amplamente com a subsunção formal e real em "Resultate des unmittelbaren Produktionsprozesses", disponível em alemão na edição da MEGA-2, *Das Kapital und Vorarbeiten*, v. 4, parte 1 (Berlim, Akademie, 2012)*.

---

* Ed. bras.: Karl Marx, "Resultados do processo imediato de produção", *O capital – Livro I – cap. 6 (inédito)* (trad.: Eduardo Sucupira Filho. São Paulo, Livraria Editora Ciências Humanas, 1978). (N. R. T.)

a produção do mais-valor absoluto e relativo
quadro 9 (de 11)

nível da exposição
Processo imediato de produção do capital individual

dica
Aqui, é possível debater exemplos de métodos de administração modernos usados para aumentar a produtividade do trabalho.

anotações:

subsunção real

O processo de trabalho é revolucionado em suas bases pela introdução de novas tecnologias ou meios de trabalho ou pela aplicação da ciência à produção.

 Produção de mais-valor relativo

Exemplos:

 Ritmos de trabalho ditados pelas máquinas.

 Organização taylorista do processo de trabalho.

 Maior produtividade do trabalho à base de equipes independentes que competem entre si dentro da mesma empresa.

Na subsunção real não se trata apenas de reduzir o indivíduo a uma ínfima peça em uma máquina; antes, trata-se de uma revolução que altera fundamentalmente o processo de trabalho. Por exemplo, a introdução da maquinaria revolucionou substancialmente as atividades previamente organizadas em linhas artesanais ou manufatureiras. Contudo, a subsunção real (como a subsunção formal) não está limitada à constituição histórica do modo de produção capitalista. É ainda hoje relevante em qualquer lugar em que o capital tenta tornar o processo de trabalho sob seu comando mais produtivo e intenso. Na medida em que a organização do processo de trabalho serve ao aumento do mais-valor relativo, a subsunção real pode significar qualquer coisa desde linhas de trabalho fragmentadas ou monótonas até equipes de trabalho aparentemente criativas e autônomas.

TRABALHO PRODUTIVO E TRABALHO IMPRODUTIVO

Da perspectiva do processo de trabalho
O trabalho produz valores de uso.
Segundo essa propriedade, ele é trabalho produtivo.

Da perspectiva do processo de valorização
O propósito da produção é o mais-valor; por isso, apenas o trabalho que produz mais-valor é produtivo.

Ser trabalhador produtivo não é, portanto, uma sorte, mas um azar. (Livro I, p. 578)

A PRODUÇÃO DO MAIS-VALOR ABSOLUTO E RELATIVO
QUADRO 10 (DE 11)

NÍVEL DA EXPOSIÇÃO
Processo imediato de produção do capital individual

DICA
Retomar a sequência "O processo de trabalho e o processo de valorização", quadros 1 e 2, p. 105-6.

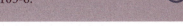

ANOTAÇÕES:

Aqui, assim como em outros contextos, surge o debate sobre o trabalho doméstico ser ou não produtivo. Algumas vezes Marx é criticado por haver desqualificado a esfera reprodutiva como "improdutiva", apesar de sua indispensabilidade para o capitalismo. Contudo, deve-se ter em mente que os termos "produtivo" e "improdutivo" não são usados no sentido valorativo, de bom ou mau, necessário ou supérfluo ou importante e desimportante, mas como categorias analíticas. No esboço original para o capítulo 6 do Livro I d'*O capital* ("Resultados do processo imediato de produção"), Marx lida mais amplamente com os termos "trabalho produtivo e improdutivo".

A produção do mais-valor absoluto e relativo

Quadro 11 (de 11)

Nível da exposição
Processo imediato de produção do capital individual

Dica
Podem ser discutidos diversos exemplos de relações de trabalho produtivas e improdutivas. Contudo, deve-se levar em consideração que alguns exemplos são formas mistas (como os casos dos autônomos e das empresas dirigidas por apenas uma pessoa) que Marx não considerou.

Anotações:

EXEMPLOS

No capitalismo:

Se faço um bolo em casa para meus amigos, crio valor de uso, mas não valor. O trabalho é **improdutivo**.

Se faço o mesmo bolo como trabalhador assalariado em uma confeitaria capitalista, o valor e o mais-valor são produzidos. O trabalho é **produtivo**.

Se faço o mesmo bolo como trabalhador assalariado em uma casa de família, produzo valor de uso para meus patrões. O trabalho é **improdutivo**.

Todo trabalho produtivo (capitalista) é trabalho assalariado, mas nem todo trabalho assalariado é trabalho produtivo.

No primeiro exemplo, o bolo não é vendido, mas serve para ser desfrutado entre amigos. No segundo exemplo, o capitalista confronta o trabalhador; aqui, temos o movimento D-M-D'. No terceiro exemplo, o empregador não defronta o trabalhador como capitalista, como representante do capital. Aqui, o mais-valor não é produzido. Se um trabalhador executa um trabalho assalariado em uma casa de família, produz valor de uso que serve ao consumo e não é destinado à venda.

MISTIFICAÇÕES DA FORMA-SALÁRIO 1

★ O salário se apresenta como o valor do preço do trabalho: parece que o que está sendo pago é o trabalho, não a força de trabalho.

★ O salário apresenta-se como o pagamento da jornada de trabalho inteira.

★ O pagamento do trabalho é uma "expressão imaginária" (Livro I, p. 607) que resulta das relações de produção.

O SALÁRIO
QUADRO 1 (DE 4)

NÍVEL DA EXPOSIÇÃO
Processo imediato de produção do capital individual

DICA 1
Durante a leitura deste capítulo, devem estar disponíveis para referência os conceitos do capítulo 4 (ver "A transformação do dinheiro em capital").

DICA 2
Caso necessário, retome em que consiste a divisão da jornada de trabalho (ver "A taxa de mais-valor").

ANOTAÇÕES:

Na noção cotidiana, assim como na economia política clássica, o salário é definido como o valor do preço do trabalho, e nenhuma distinção é feita entre trabalho e força de trabalho. (Uma analogia apresentada por Marx, no capítulo 5, pode ser retomada criativamente aqui: alguém pode vender óleo, mas não o calor que emerge de sua queima – Livro I, p. 270). Na troca com o proprietário de dinheiro (o capitalista), o trabalhador vende sua força de trabalho e recebe em retorno o equivalente em dinheiro. Ele só começa a trabalhar depois da venda de sua força de trabalho. Quanto tempo ele trabalha e quanto valor ele produz independem do valor de sua força de trabalho. As expressões "valor do trabalho" e "preço do trabalho", portanto, apresentam as relações reais incorretamente; a forma-salário as mistifica. Lembrando que, no conjunto de quadros sobre o capítulo 4, o "preço da mercadoria trabalho" já foi mencionado. Contudo, naquele nível de abstração, a forma-salário ainda não tinha sido introduzida.

O SALÁRIO

quadro 2 (de 4)

NÍVEL DA EXPOSIÇÃO
Processo imediato de produção do capital individual

DICA

O "salário nominal" (= valor de troca da mercadoria força de trabalho) e o "salário real" (= conjunto de meios de subsistência em que esse salário nominal é transformado) são brevemente introduzidos por Marx (Livro I, p. 599-602). Embora eles não mais desempenhem um papel específico no curso da exposição, podem ser discutidos aqui: referem-se às expressões atuais comuns, como os salários nominais e os salários reais, os quais, com frequência, estão presentes nas discussões.

ANOTAÇÕES:

MISTIFICAÇÕES DA FORMA-SALÁRIO II

A forma-salário extingue, portanto, todo vestígio da divisão da jornada de trabalho em trabalho necessário e mais-trabalho, em trabalho pago e trabalho não pago. Todo trabalho aparece como trabalho pago. [...] Sobre essa forma de manifestação, que torna invisível a relação efetiva e mostra precisamente o oposto dessa relação, repousam todas as noções jurídicas, tanto do trabalhador como do capitalista, todas as mistificações do modo de produção capitalista, todas as suas ilusões de liberdade, todas as tolices apologéticas da economia vulgar. (Livro I, p. 610)

Parece que a jornada de trabalho inteira é paga pelo salário. Esse é o fundamento de todas as concepções legais, mistificações e ilusões de liberdade, as quais de modo nenhum passam apenas pela cabeça dos capitalistas, mas também modelam a consciência cotidiana dos trabalhadores. Com a citação, fica claro que nenhuma posição no processo de produção gera automaticamente uma consciência específica. Em vez disso, todas as pessoas estão (inicialmente) sujeitas a essas inversões. (Aqui, uma breve olhada adiante: na seção I do Livro III d'*O capital*, a forma-salário é mais uma vez abordada: precisamente porque parece que todo trabalho foi pago com o salário, o lucro pode também aparecer como fruto do capital. A forma-salário é, assim, de importância fundamental à fórmula trinitária ao final do Livro III.) Neste ponto, é possível tratar também da diferença entre fetiche (fetichismo da mercadoria, que não é simplesmente uma incompreensão, mas tem uma realidade material em sua base) e mistificação (no sentido de escamoteamento e representação efetivamente falsa). Nesse sentido, portanto, Marx não fala de fetiche quando se refere à forma-salário.

Salário por tempo e salário por peça

Salário por tempo
- O trabalhador é pago por unidade de tempo.
- Valor diário da mercadoria FT
- Jornada de trabalho de determinado número de horas

Salário por peça
- O trabalhador é pago por produto.
- Valor diário da mercadoria FT
- Quantidade média de produtos feitos durante a jornada de trabalho

Fica claro, no entanto, que a **diferença de forma** no pagamento do salário não modifica em nada a **essência** deste último. (Livro I, p. 622)

O salário
Quadro 3 (de 4)

Nível da exposição
Processo imediato de produção do capital individual

Dica
Neste quadro, as definições das formas de pagamento, ao alto, se movem no nível das aparências; o corte abaixo é como Marx decifrou sua essência (e de modo nenhum, o método de cálculo do capitalista!).

Anotações:

Tanto o salário por tempo quanto o salário por peça reforçam as mistificações da forma-salário. O salário por tempo sugere um pagamento de todo o trabalho por unidade de tempo. Essa noção é baseada em formas de manifestação tais como o salário por hora ou o trabalho em tempo parcial, nos quais é pago um salário correspondentemente menor. O salário por peça sugere que um pagamento foi feito pelo trabalho despendido na elaboração de um produto. Marx demonstrou que a forma de pagamento não muda nada com relação à definição do salário como o valor da mercadoria força de trabalho, expresso em dinheiro. Pode ser que o capitalista solicite ao trabalhador que trabalhe, por exemplo, três horas. Contudo, para sobreviver, o trabalhador necessita, pelo menos, do valor correspondente a oito horas de trabalho. A situação é similar ao caso do salário por peça: trabalhadores particularmente diligentes ou ágeis (que se autoexploram) podem conseguir salário maior (e trabalhadores "preguiçosos", salário menor), mas, com o número de produtos feitos, em média, em um único dia, os trabalhadores atingem o salário que corresponde ao valor diário da força de trabalho.

O SALÁRIO

quadro 4 (de 4)

NÍVEL DA EXPOSIÇÃO
Processo imediato de produção
do capital individual

anotações:

peculiaridades do salário por peça

 A qualidade do trabalho é controlada por meio do próprio produto final.

 O salário por peça oferece uma medida da intensidade do trabalho.

 O capitalista pode elevar a intensidade do trabalho mais facilmente.

 O salário por peça facilita a interposição de "parasitas" entre capitalistas e trabalhadores assalariados: "subarrendamento do trabalho" (Livro I, p. 624).

 A individualidade tem mais margem de manobra.

 Aumenta a concorrência entre os trabalhadores.

Essas peculiaridades especificam e ilustram o salário por peça. Com base nelas, podem-se fazer analogias com as relações de trabalho contemporâneas, uma vez que a forma de pagamento do salário por peça ainda é atual, por exemplo, no trabalho por empreitada.

Reprodução simples 1

O processo de produção não é isolado, mas se repete continuamente.

🡆 **Processo de reprodução**

Condição: devem ser fabricados meios de produção suficientes para os ciclos de produção futuros.

> Como incremento periódico do valor do capital, ou fruto periódico do capital em processamento, o mais-valor assume a forma de uma renda **proveniente do capital.** (Livro I, p. 641-2)

Reprodução simples
O capitalista usa a receita apenas como fundo de consumo. Nenhuma parte do mais-valor é investida no novo ciclo de produção.

Reprodução e acumulação de capital

Quadro 1 (de 8)

Nível da exposição
Processo imediato de reprodução e acumulação do capital individual

Anotações:

A reprodução simples não é específica do capitalismo. Toda sociedade tem de produzir o suficiente para o ciclo seguinte e realizar uma circulação bem-sucedida dos produtos, caso deseje consumir e perdurar. No capitalismo, a forma específica de circulação é a troca de mercadorias. Marx tacitamente assume aqui que a circulação é bem-sucedida. Uma análise mais detida da circulação é feita no Livro II d'*O capital*. Agora, Marx trata pela primeira vez da reprodução do capital, examinando a fundo as aparentemente óbvias *precondições* da acumulação. A análise mostra que são qualquer coisa, menos óbvias.

reprodução e acumulação de capital

quadro 2 (de 8)

nível da exposição
Processo imediato de reprodução e acumulação do capital individual

anotações:

reprodução simples II

Até aqui, pareceu que os capitais variável e constante foram adiantados **pelo capitalista**.

Agora, a análise da reprodução simples mostra que:

 Todo capital é simplesmente **mais-valor** que foi **capitalizado** após um período mais ou menos breve ou longo.

 O capital adiantado é simplesmente o produto **constantemente reproduzido pelo trabalhador** e transformado em dinheiro.

 No novo ciclo, o capital funciona como meio de compra para ($c + v$).

Por meio do exame da repetição constante do processo de acumulação, fica claro onde está, no capitalismo, a fonte do capital e do mais-valor. O fato de que o capitalista não adianta seu próprio dinheiro, mas o produto do trabalho não pago de outros, obtido em ciclos anteriores de produção, é uma circunstância cujas precondições históricas Marx examina adiante (ver "A assim chamada acumulação primitiva", quadro 1, p. 139). Os trabalhadores produzem o capital, de que os capitalistas se apropriam com o objetivo de comprar meios de produção e força de trabalho com a finalidade de produzir mercadorias. O dinheiro resultante da venda de mercadorias permanece nas mãos do capitalista. Os trabalhadores têm de gastar seus salários para sua própria reprodução e, ao fim de cada ciclo de produção, eles nada possuem a não ser sua força de trabalho, a qual, novamente, têm de vender com o objetivo de garantir sua própria reprodução.

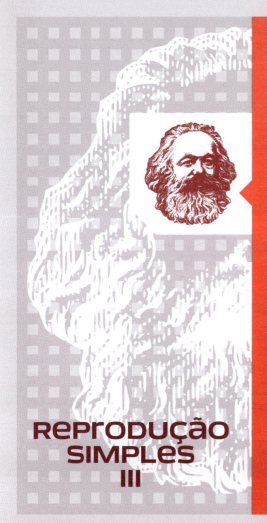

reprodução e acumulação de capital
quadro 3 (de 8)

NÍVEL DA EXPOSIÇÃO
Processo imediato de reprodução e acumulação do capital individual

anotações:

REPRODUÇÃO SIMPLES III

> O processo capitalista de produção, considerado em seu conjunto ou como processo de reprodução, produz não apenas mercadorias, não apenas mais-valor, mas **produz e reproduz a própria relação capitalista**: de um lado, o capitalista, do outro, o trabalhador assalariado.
>
> (Livro I, p. 653)

Nesta citação, Marx aborda a relação social inerente ao processo capitalista de produção, que por sua vez é constantemente reproduzida por ele. Isso significa que, para que o processo de produção capitalista ocorra de todo, é preciso existir uma relação social específica entre o capitalista e o trabalhador. Como o processo capitalista de produção produz não apenas mercadorias, mas também estruturas sociais, ele reproduz suas próprias condições de existência. A questão é: como essas condições de produção surgiram pela primeira vez? A resposta é fornecida no capítulo "A assim chamada acumulação primitiva" (Livro I, p. 785-833).

reprodução e acumulação de capital

quadro 4 (de 8)

nível da exposição
Processo imediato de reprodução e acumulação do capital individual

anotações:

reprodução em escala ampliada

Acumulação de capital
Reprodução em escala ampliada

Uma parte do mais-valor é retransformada em capital, no ciclo de produção seguinte.

> **Quanto mais o capitalista tiver acumulado, mais ele poderá acumular.** (Livro I, p. 658)

A espiral – metáfora que Marx também usa – simboliza a diferença entre a reprodução simples e a reprodução ampliada. Enquanto, no primeiro caso, no novo ciclo de produção a mesma quantia é investida em força de trabalho e meios de produção, como no ciclo anterior, o último termo descreve um processo em que a nova soma de dinheiro que é investida contém uma parte do mais-valor obtido no ciclo anterior. Esse movimento leva a uma expansão do montante de capital como uma espiral. Sob as relações capitalistas, lidamos primariamente com a reprodução ampliada, e a reprodução simples só ocorre em casos excepcionais.

A conversão das leis de propriedade

De acordo com a concepção burguesa, a propriedade se funda no trabalho. Essa percepção é baseada na **perspectiva da circulação simples de mercadorias**.

Se alguém considera não apenas o ato individual de troca, mas também a **reprodução ampliada do capital**, essa concepção se converte em seu oposto:

O capitalista se apropria de trabalho alheio – sem um equivalente. A propriedade do capitalista não é baseada em seu próprio trabalho, mas no trabalho dos outros.

 A perspectiva da circulação simples de mercadorias ofusca essa relação de exploração.

 Essa "conversão" ocorre apenas na análise e não se refere a um processo histórico.

reprodução e acumulação de capital
quadro 5 (de 8)

NÍVEL DA EXPOSIÇÃO
Processo imediato de reprodução e acumulação do capital individual

DICA 1
Para melhor entendimento deste conteúdo, aconselhamos ver os quadros 5 e 8 de "A transformação do dinheiro em capital".

DICA 2
Vale a pena ler em voz alta e debater em grupo o conceito de propriedade de Marx (Livro I, p. 729-30).

ANOTAÇÕES:

Marx refere-se aqui criticamente à teoria burguesa sobre o contrato (Locke etc.), de acordo com a qual a propriedade privada se baseia na apropriação por meio do trabalho. Os primeiros socialistas (Proudhon e outros) partilhavam tal concepção, mas acreditavam que esse direito de propriedade original fosse violado no capitalismo. Marx desconstrói ambos com a "conversão das leis de propriedade": 1) a circulação simples de mercadorias, que enseja plausibilidade à aparente identidade do trabalho e da propriedade, nunca existiu fora do capitalismo; 2) em um ato de troca inicial, individual, pode-se ainda assumir que o capitalista "trabalhou" por seu dinheiro. Se alguém considerar a reprodução ampliada, isto é, a acumulação, o percurso mais amplo em que as coisas são percebidas torna claro que o capitalista paga a força de trabalho por meio do mais-valor, isto é, do trabalho não pago, e que a nova força de trabalho comprada, por sua vez, rende novamente trabalho não pago. Quanto mais esse processo é repetido, mais o trabalho e a propriedade divergem, sem que a troca de equivalentes seja violada.

reprodução e acumulação de capital

quadro 6 (de 8)

nível da exposição
Acumulação do capital social total

anotações:

COMPOSIÇÃO DO CAPITAL

Composição do valor do capital	Relação de **valor** na qual o capital é dividido em capital constante e capital variável.
Composição técnica do capital	Relação entre a **massa** dos meios de produção empregada e a **quantidade de trabalho** necessária para seu uso.
Composição orgânica do capital	Composição do **valor**, quando determinada pela composição **técnica**.

Esses três conceitos são introduzidos no início do capítulo 23. Eles suscitam muitas questões, até porque Marx não os desenvolveu. Particularmente em relação à composição orgânica do capital, com frequência, surge a dúvida: quando a composição do valor não é determinada pela composição técnica? Com base na definição de Marx, podemos concluir que a composição orgânica do capital apenas leva em consideração as mudanças na composição do valor do capital que têm a ver com as condições técnicas (por exemplo, quando se introduz uma nova máquina, mais cara). Esses conceitos são significativos porque servem à explicação da existência do exército industrial de reserva (ver próximo quadro) e também porque desempenham um importante papel no Livro III.

Fases da acumulação de capital

Para que o capital cresça, uma parte do mais-valor precisa ser transformada em capital variável.

Se considerarmos que a relação entre a FT e os MP permanece constante, de modo que a composição orgânica permaneça inalterada, então a demanda por FT cresce e o preço da mercadoria FT aumenta.

Isso pode ter duas consequências:

ou → a acumulação não é perturbada

ou → a acumulação cai

O desenvolvimento da produtividade é **a diminuição da FT em relação aos MP** (ou seja, um aumento na composição orgânica). A parte constante do capital cresce em relação à parte variável. Essa fase necessariamente ocorre no curso da acumulação.

O capital produz um excesso de população relativa (**exército industrial de reserva**).

reprodução e acumulação de capital

quadro 7 (de 8)

Nível da exposição
Acumulação do capital social total

Dica
O que acontece quando o capital é acumulado? Como os salários se desenvolvem? Em que os capitalistas investem crescentemente? Quais são as consequências desse processo para o trabalhador? Essas e outras questões similares ajudam a ilustrar, na discussão, as várias fases da acumulação de capital.

Anotações:

Este quadro oferece uma visão ampla, de modo que aqui vão algumas informações mais detalhadas. Existem duas tendências opostas na produção de mercadorias: de um lado, um aumento na força de trabalho (FT) com base no crescimento do capital (Marx chama o crescimento de capital de "concentração de capital") e, de outro, uma redução na FT em consequência do aumento da composição de valor do capital. Se o exército industrial de reserva realmente cresce ou não, isso depende de qual tendência é a mais forte. Marx assume que, em longo prazo, a segunda tendência é a mais forte. Ele vê razão para isso no processo de centralização (que, hoje, é chamado de "concentração" ou "fusão"): capitais individuais se fundem – os menores são assumidos pelos maiores. Isso funciona como um impulso repentino para o capital individual, o que, por sua vez, abre as possibilidades para um aumento acelerado na composição do valor. Assim, no caso da centralização, não lidamos com o crescimento real (relativo à economia como um todo), mas com um aumento na composição do valor. A assim chamada população excedente supérflua é excedente apenas para as necessidades de valorização do capital. Ela constitui também uma vantagem para o capital, uma vez que faz despencar os salários.

reprodução e acumulação de capital

QUADRO 8 (DE 8)

NÍVEL DA EXPOSIÇÃO
Acumulação do capital social total

DICA
Entre as páginas 719 e 721, é enunciada sucintamente a lei da acumulação capitalista. Recomenda-se ler esse trecho em grupo.

ANOTAÇÕES:

> Quanto maiores forem a riqueza social, o capital em funcionamento, o volume e o vigor de seu crescimento, [...] tanto maior será o exército industrial de reserva. [...] Mas quanto maior for esse exército de reserva em relação ao exército ativo de trabalhadores, tanto maior será a massa da superpopulação consolidada [...]. Por fim, quanto maiores forem as camadas lazarentas da classe trabalhadora e o exército industrial de reserva, tanto maior será o pauperismo oficial. *Essa é a lei geral, absoluta, da acumulação capitalista.* [...] Segue-se, portanto, que à medida que o capital é acumulado, a situação do trabalhador, seja sua remuneração alta ou baixa, tem de piorar. (Livro I, p. 719-21)

A LEI GERAL DA ACUMULAÇÃO CAPITALISTA

Com relação à lei geral da acumulação capitalista, discute-se com frequência se Marx formulou uma teoria do empobrecimento, de acordo com a qual a pobreza absoluta dos trabalhadores aumentaria com o crescimento da acumulação capitalista. Mas Marx não argumenta a favor de uma teoria do empobrecimento absoluto (a citação diz que não importa se o pagamento do trabalhador é alto ou baixo); antes, fala da desigualdade e do pauperismo crescentes. O desemprego é um produto necessário da acumulação de capital e não se deve, por exemplo, aos altos salários. Assim, é óbvio que o pleno emprego não é uma meta nem uma possibilidade no capitalismo.

A relação capitalista, de resto, nasce num terreno econômico que é o produto de um longo processo de desenvolvimento. (Livro I, p. 580)

HISTÓRIA DAS ORIGENS DO CAPITALISMO

A assim chamada acumulação primitiva: Marx satiriza a historiografia burguesa, de acordo com a qual a riqueza de poucos é historicamente baseada na diligência e na frugalidade de um número reduzido de pessoas.

A ASSIM CHAMADA ACUMULAÇÃO PRIMITIVA
QUADRO 1 (DE 4)

NÍVEL DA EXPOSIÇÃO
História das origens do capitalismo

ANOTAÇÕES:

Aqui, ocorre uma mudança no nível da exposição. Até este ponto, Marx ocupou-se em um desenvolvimento lógico-conceitual das categorias necessárias à análise do capitalismo. Agora, lidamos com a história de suas origens. Relatos históricos foram indicados nas partes anteriores, mas tinham ou um caráter ilustrativo ou eram decisivos para a determinação de categorias individuais. Então, qual é a razão da mudança? Após Marx haver demonstrado como o processo de produção capitalista (desenvolvido) reproduz suas próprias condições de existência, surge a questão sobre como esse processo se deu historicamente. Mas por que essa apresentação histórica não foi feita no início da análise do capital? "A anatomia humana contém a chave da anatomia do macaco." A análise da produção do mais-valor nos informa em que ele se baseia: na mercadoria especial força de trabalho. Quando a força de trabalho existe como mercadoria? Quando o trabalhador livre – livre em um duplo sentido – passa a existir. Assim, a análise do processo de produção capitalista nos diz em que prestar atenção no multifacetado curso da história: o processo à base do qual surgiu o trabalhador que é livre no duplo sentido.

A ASSIM CHAMADA ACUMULAÇÃO PRIMITIVA

QUADRO 2 (DE 4)

NÍVEL DA EXPOSIÇÃO
História das origens do capitalismo

DICA
Aqui, cabe relacionar o quadro com o capítulo 4, no qual se assume como dado o trabalhador livre naquele duplo sentido (ver "A transformação do dinheiro em capital", quadros 5 e 6, p. 101-2).

ANOTAÇÕES:

OS "MÉTODOS IDÍLICOS" DA ASSIM CHAMADA ACUMULAÇÃO PRIMITIVA

Se o dinheiro [...] "vem ao mundo com manchas naturais de sangue numa de suas faces", o capital nasce escorrendo sangue e lama por todos os poros, da cabeça aos pés. (Livro I, p. 829-30)

Expulsão dos camponeses e dos pequenos arrendatários de suas glebas.

Apropriação da terra comum e transformação das terras cultivadas em pastagens.

Cerco, monopolização e concentração de grandes faixas de terras.

Expropriação da Igreja católica ▶ pauperismo de seus dependentes.

Transformação da propriedade dos clãs feudais em propriedade privada capitalista.

Captura e imposição do trabalho forçado aos pobres.

Marx ilustra a constituição histórica extremamente violenta da moderna relação de capital usando como exemplo a Inglaterra. No curso da dissolução das estruturas feudais, foram criadas as precondições para o modo de produção capitalista: a separação dos proprietários de seus meios de produção, o que significa dizer a criação de uma massa de trabalhadores livres no duplo sentido (trabalho), de um lado, e os proprietários dos meios de produção (capital), do outro. Há um amplo debate que questiona se a assim chamada acumulação primitiva é um evento histórico singular ou um processo contínuo. Discute-se quais aspectos, em que tempo e em que lugar, podem ser compreendidos sob o conceito de "acumulação primitiva".

A MUDA COERÇÃO

> No evolver da produção capitalista desenvolve-se uma classe de trabalhadores que, por educação, tradição e hábito, reconhece as exigências desse modo de produção como leis naturais e evidentes por si mesmas. [...] **a coerção muda exercida pelas relações econômicas** sela o domínio do capitalista sobre o trabalhador. A **violência extraeconômica, direta**, continua, é claro, a ser empregada, mas apenas excepcionalmente. Para o curso usual das coisas, é possível confiar o trabalhador às "leis naturais da produção". (Livro I, p. 808-9)

A ASSIM CHAMADA ACUMULAÇÃO PRIMITIVA
QUADRO 3 (DE 4)

NÍVEL DA EXPOSIÇÃO
História das origens do capitalismo

DICA
Nesta citação existem importantes aspectos relacionados com o que já foi tratado. É melhor ler e discutir frase por frase.

ANOTAÇÕES:

Sob as relações de classe pré-capitalistas, os servos se encontravam em posição de dependência pessoal. Experimentavam "a violência extraeconômica direta", isto é, a obrigação de ceder parte de sua colheita ao senhor feudal e de permanecer naquele lote de terra; além disso, o senhor feudal tinha direito ao uso da violência para reclamar o servo caso este fugisse etc. Por outro lado, no capitalismo, os trabalhadores são pessoalmente livres: podem anular seus contratos de trabalho. Contudo, estão também objetivamente dependentes, motivo pelo qual tentam encontrar alguém que os explorem. Quando a "violência extraeconômica" é necessária agora? Apenas quando as regras do intercâmbio (liberdade, igualdade, propriedade) não são obedecidas – não necessariamente quando os trabalhadores fazem greve, mas apenas quando eles deixam de reconhecer o sistema de propriedade. Para mais informações sobre a dominação pessoal ou impessoal, ver Livro I, p. 223, nota 1.

A ASSIM CHAMADA ACUMULAÇÃO PRIMITIVA

quadro 4 (de 4)

NÍVEL DA EXPOSIÇÃO
História das origens do capitalismo

DICA
Sobre o termo "centralização", ver "Reprodução e acumulação do capital", quadro 8, p. 138.

ANOTAÇÕES:

A TENDÊNCIA HISTÓRICA DA ACUMULAÇÃO CAPITALISTA

> Tão logo o modo de produção capitalista tenha condições de caminhar com suas próprias pernas, a socialização ulterior do trabalho [...], assim como a expropriação ulterior dos proprietários privados assumem uma nova forma. [...] Essa expropriação se consuma [...] por meio da centralização dos capitais. [...] A centralização dos meios de produção e a socialização do trabalho atingem um grau em que se tornam incompatíveis com seu invólucro capitalista. O entrave é arrebentado. Soa a hora derradeira da propriedade privada capitalista, e os expropriadores são expropriados. (Livro I, p. 832)

Marx tece uma trama da acumulação primitiva, passando pelo desenvolvimento do capitalismo até seu futuro fim. Apresenta esse processo como uma necessidade histórica e o descreve como "negação da negação": a "negação" da propriedade pré-capitalista pelo capital é seguida pela "negação" do modo de produção capitalista pela classe trabalhadora. Que a superação do capitalismo deva acontecer como necessidade histórica não é cientificamente demonstrado por Marx (argumentos opostos desenvolvidos pelo próprio Marx, como o papel do fetichismo e a mistificação da forma-salário, são negligenciados por ele). Essa superação é, no fundo, um anseio político. Na história do movimento operário, esse breve item desempenhou papel central e foi considerado prova científica para o fim vindouro do capitalismo.

O 18 de brumário de Luís Bonaparte • Karl Marx
Tradução de Nélio Schneider • Prólogo de
Herbert Marcuse • Orelha de Ruy Braga

*Anti-Dühring: a revolução da ciência segundo o
senhor Eugen Dühring* • Friedrich Engels
Tradução de Nélio Schneider • Apresentação de
José Paulo Netto • Orelha de Camila Moreno

*O capital: crítica da economia política,
Livro I: O processo de produção do capital* • Karl Marx
Tradução de Rubens Enderle • Textos introdutórios
de Jacob Gorender, Louis Althusser e José Arthur
Gianotti • Orelha de Francisco de Oliveira

*O capital: crítica da economia política,
Livro II: O processo de circulação do capital* • Karl Marx
Edição de Friedrich Engels • Seleção de textos e
tradução de Rubens Enderle • Prefácio de Michael
Heinrich • Orelha de Ricardo Antunes

*O capital: crítica da economia política,
Livro III: O processo global da produção capitalista* • Karl Marx
Edição de Friedrich Engels • Tradução de Rubens
Enderle • Apresentação de Marcelo Dias Carcanholo
Heinrich • Orelha de Sara Granemann

Crítica da filosofia do direito de Hegel • Karl Marx
Tradução de Rubens Enderle e Leonardo de Deus

Crítica do Programa de Gotha • Karl Marx
Tradução de Rubens Enderle • Prefácio de
Michael Löwy • Orelha de Virgínia Fontes

*Os despossuídos: debates sobre a lei referente
ao furto de madeira* • Karl Marx
Tradução de Mariana Echalar e Nélio Schneider • Prefácio
de Daniel Bensaïd • Orelha de Ricardo Prestes Pazello

*Diferença entre a filosofia da natureza de
Demócrito e a de Epicuro* • Karl Marx
Tradução de Nélio Schneider • Apresentação de Ana
Selva Albinati • Orelha de Rodnei Nascimento

Escritos ficcionais: Escorpião Félix/ Oulanem • Karl Marx
Tradução de Rubens Enderle • Prefácio de
Michael Löwy • Orelha de Virgínia Fontes

*Grundrisse: manuscritos econômicos de 1857-1858 –
Esboços da crítica da economia política* • Karl Marx
Tradução de Mario Duayer e Nélio Schneider, com
Alice Helga Werner e Rudiger Hoffman • Apresentação
de Mario Duayer • Orelha de Jorge Grespan

A guerra civil na França • Karl Marx
Tradução de Rubens Enderle • Apresentação de
Antonio Rago Filho • Orelha de Lincoln Secco

A ideologia alemã • Karl Marx e Friedrich Engels
Tradução de Rubens Enderle, Nélio Schneider
e Luciano Martorano • Apresentação de Emir
Sader • Orelha de Leandro Konder

Lutas de classes na Alemanha •
Karl Marx e Friedrich Engels
Tradução de Nélio Schneider • Prefácio de
Michael Löwy • Orelha de Ivo Tonet

As lutas de classes na França de 1848 a 1850 • Karl Marx
Tradução de Nélio Schneider • Orelha de Caio Navarro de Toledo

Lutas de classes na Rússia • Textos de
Karl Marx e Friedrich Engels
Organização e introdução de Michael Löwy • Tradução
de Nélio Schneider • Orelha de Milton Pinheiro

Manifesto Comunista • Karl Marx e Friedrich Engels
Tradução de Ivana Jinkings e Álvaro Pina • Introdução
de Osvaldo Coggiola • Orelha de Michael Löwy

Manuscritos econômico-filosóficos • Karl Marx
Tradução e apresentação de Jesus Ranieri •
Orelha de Michael Löwy

Miséria da filosofia • Karl Marx
Tradução de José Paulo Netto • Orelha de João Antônio de Paula

*A origem da família, da propriedade privada
e do Estado* • Friedrich Engels
Tradução de Nélio Schneider • Prefácio de
Alysson Leandro Mascaro • Posfácio de Marília
Moschkovich • Orelha de Clara Araújo

A sagrada família • Karl Marx e Friedrich Engels
Tradução de Marcelo Backes • Orelha de Leandro Konder

A situação da classe trabalhadora na Inglaterra • Friedrich Engels
Tradução de B. A. Schumann • Apresentação de José
Paulo Netto • Orelha de Ricardo Antunes

Sobre a questão da moradia • Friedrich Engels
Tradução de Nélio Schneider • Orelha de Guilherme Boulos

Sobre a questão judaica • Karl Marx
Tradução de Nélio Schneider e Wanda Caldeira
Brant • Apresentação e posfácio de Daniel
Bensaïd • Orelha de Arlene Clemesha

Sobre o suicídio • Karl Marx
Tradução de Rubens Enderle e Francisco Fontanella •
Prefácio de Michael Löwy • Orelha de Rubens Enderle

O socialismo jurídico • Friedrich Engels e Karl Kautsky
Tradução de Livia Cotrim e Márcio Naves • Prefácio
de Márcio Naves • Orelha de Alysson Mascaro

COLEÇÃO MARX-ENGELS

Iniciada em 1998 com a publicação do *Manifesto Comunista*, a coleção Marx-Engels vem desde então dando sequência à publicação das obras completas dos filósofos alemães, sempre em traduções diretas do idioma original e acompanhadas de textos críticos dos maiores especialistas na obra marxiana.

Este livro foi composto em Minion Pro, corpo 10, EXT Unicase e Amaranth e reimpresso em papel Offset 90 g/m², na gráfica Rettec, para a Boitempo, em junho de 2019, com tiragem de 1.500 exemplares.